채권투자 : 다음 매수자의 만기보유수익 빼고 남는 게 내 거

신탁의 창으로 바라본 채권투자의 이치(理致)

채권투자 :
다음 매수자의
만기보유수익 빼고
남는 게 내 거

초판 1쇄 발행 2024. 9. 24.

지은이 고종현
펴낸이 김병호
펴낸곳 주식회사 바른북스

등록 2019년 4월 3일 제2019-000040호
주소 서울시 성동구 연무장5길 9-16, 301호 (성수동2가, 블루스톤타워)
대표전화 070-7857-9719 | **경영지원** 02-3409-9719 | **팩스** 070-7610-9820

・바른북스는 여러분의 다양한 아이디어와 원고 투고를 설레는 마음으로 기다리고 있습니다.
이메일 barunbooks21@naver.com | **원고투고** barunbooks21@naver.com
홈페이지 www.barunbooks.com | **공식 블로그** blog.naver.com/barunbooks7
공식 포스트 post.naver.com/barunbooks7 | **페이스북** facebook.com/barunbooks7

ⓒ 고종현, 2024
ISBN 979-11-7263-150-5 03320

・파본이나 잘못된 책은 구입하신 곳에서 교환해드립니다.
・이 책은 저작권법에 따라 보호를 받는 저작물이므로 무단전재 및 복제를 금지하며,
이 책 내용의 전부 및 일부를 이용하려면 반드시 저작권자와 도서출판 바른북스의 서면동의를 받아야 합니다.

신탁의 창으로 바라본
채권투자의 이치理致

채권투자:
다음 매수자의 만기보유수익 빼고 남는 게 내 거

고종현 지음

"나의 채권투자수익 =
나의 만기보유수익 - 다음 매수자의 만기보유수익"

바른북스

프롤로그

2006년 여름, 증권사 신탁부에 온 지 몇 달 안 된 대리였던 필자가 모회사 격인 은행의 신탁부에 협업차 방문했을 때의 기억이다. 누가 봐도 40대 정도 돼 보이던 차장님이 대화 중에 말했다.
"저는 신탁에 온 지 10년밖에 안 돼서 이 부분은 잘 모르겠네요."
"형님~" 하고 또 다른 분을 손짓과 함께 부르셨다.
"저기 저 부장님이 신탁업무만 25년 넘게 하셨거든요. 저 부장님한테 여쭤볼게요."

'신탁'이라는 사업의 위상이 마치 여러 장인들이 평생을 바쳐 오랜 기간 동안 단단하게 쌓아 올린 성곽과 같은 느낌을 받았던 기억을 나는 아직 고스란히 간직하고 있다.
물론 그들에게서 회사생활의 풍요로움에서 오는 듯한 일종의 안정감과 범접할 수 없는 포스 비슷한 분위기를 느끼기도 했지만, '아, 나도 저거 한번 해보고 싶다'는 막연한 생각을 동시에 했었던 것 같다.

2024년 다시 여름, 신탁에 처음 발을 내디딘 지 아직 18년밖에(?) 안 됐지만(필자는 2018년에 청춘을 갈아 넣은 회사를 나오게 되어 신탁운용에서 손을 놓았다가 다시 2022년에 다른 회사 신탁팀으로 복귀했다), 직장생활의 그 덧없음과 고단함을 동시에 느끼며 한해 한해 지내다 보니 어느새 직장

생활은 거의 끝나가고 있다.

18년 전 그 느낌대로, 신탁이라는 사업은 과연 크나큰 인프라 구조물과 같아서 개인의 힘으로 혼자서 끌고 가기는 너무 버겁다. 세월이 흘러 신탁에 대해 사리분별 정도는 할 수 있는 식견은 갖췄지만, 그만큼 많이 알아 갈수록 챙겨야 할 것들이 더 많아 힘에 부칠 때도 있다.

2005년 12월에 증권사에 신탁업 인가가 난 이후로 같은 업권 내에서는 모두 맨땅에서 새로 시작하는 입장이라 별반 다를 게 없었고, 이미 신탁업을 영위하고 있는 은행 입장에서는 신규로 신탁업에 진입하는 증권사가 그다지 달갑지 않은 상대인지라 딱히 물어볼 선배들도 없었다. 신탁을 책으로라도 배우고 싶었지만 사실 실무에 참고할 만한 책도 없었다. 신탁법을 다루는 원론 수준의 법 해설서밖에는 기억이 없다. 그래서 법 규정만 품고 직접 몸으로 뛰어들 수밖에 없었다.

그래도 지난 시간들 동안의 경험을 몸이 기억하는 것 같다. 경험이 재산이라고, 신탁을 몸으로 부딪치며 배워보니 몸으로 배운 경험을 그냥 버리기에는 아까운 생각이 들었다. 물론 이슈가 있을 때마다 토막토막의 자료를 만들어 그 노하우를 후배들에게 전수하여 각 회사마다 그 업력을 형성하고 있겠지만, 업계 전체를 관통하는 하나의 논리로 시장의 흐름을 설명하는 자료는 아직도 거의 찾아볼 수 없다.

그래도 부동산신탁은 '전업 부동산신탁사'와 관련 법 전공자들의 전문서적이라도 소수 존재하지만, 특히 '금전신탁'의 경우 2023년 말 현재 잔고가 600조 원에 이름에도 불구하고 이에 대해 체계적으로 설명하는 자료를 찾아보기 어렵다. 이에 글솜씨 없는 필자라도 나서 그 초석이라도 다져보자는 의도로 본 서를 작성할 결심을 하게 되었다.

더구나 결정적으로, 2022년 하반기 이후 랩과 신탁의 채권형 계약에서 벌어진 대규모 평가손실 사태를 경험하고, 그동안 같은 업계에서 친분 있는 동료와 후배들이 무더기 중징계로 그중 몇몇은 회사를 떠나게 되는 모습을 지켜보았고, 법인고객의 자금 담당자들도 엄청난 평가손실로 인해 힘들어하는 모습도 지켜보았으며, 증권사 고유계정도 갖가지 민원과 소송, 그리고 금전적 손해까지 발생하게 되는 초유의 사태를 겪고 있는 안타까운 현실 또한 목도하고 있어, 시장의 질서를 바로잡는 데 있어 가만히 손 놓고, 강 건너 불구경만 하고 있어서는 안 되겠다는 생각으로 자판을 두드리기 시작했다. 회사를 여러 번 옮겨 과거에 만든 자료와 데이터가 하나도 남아 있지 않지만 그래도 누군가는 이 경험들을 기록해야 하진 않나 하는 사명감마저 들었다.

우선, 본 서는 크게 4개의 장으로 구성하였다.
첫 번째는 '시장금리와 채권의 관계'에 대한 설명이다. 지금껏 신탁업이 주력해 왔고 잔고도 가장 많았으며 이번에 문제가 발생한 것도 결국은 채권형 상품이므로 이를 이해하기 위해서는 우선 금리와 채권의 관계에 대한 이해가 필수적일 것이기 때문이다. 그리고 이전부터, '금리가 오르는데 채권수익률은 왜 떨어지는지'를 속 시원하게 설명하는 자료가 없어 이에 대해 직관적인 설명이 필요하다고 생각해 왔던바, 기초부터 쉽게 이해할 수 있도록 기존과는 색다른 시각에서 접근하였다.

본 서의 내용이 전반적으로 일반투자자들이 반드시 알아야 할 내용이라기보다는 더 전문적인, 가령 법인의 자금 담당자, 금융기관의 관련 부서 직원들 또는 랩과 신탁의 채권운용역들이 알아두면 좋은 관련 이슈와 그 배경을 많이 다루고 있지만, 제1장은 일반투자자들도 시장금리와 채권의 관계에 대해 이해하기 쉽도록 설명하였다.

두 번째는 채권을 담는 매개체(Vehicle)로서의 '신탁'과 '신탁업'의 개념에 대한 설명이다. 금융상품의 구조를 이해하기 위해서는 가장 먼저 법률적인 정의를 그 토대로 해서 개념을 쌓아 올려야 할 것이다. 본서의 목적이 '신탁'의 학술적인 의미를 이해하는 것이 아니라 '신탁업'의 최종 결과물로서의 상품의 운용과 그 현상에 대한 이해가 목적이므로 자본시장법과 관련 법 규정에 대한 해설 및 그 의미 위주로 설명하였다. 이를 기반으로 하여 신탁상품 및 금융투자상품의 구조를 이해하고, 더 나아가 신탁상품 및 금융투자상품의 설계까지 이해할 수 있도록 기술하였다.

세 번째는 '증권사 신탁의 등장과 채권형 상품'에 대한 설명이다. 1960년대 이후 은행 위주로만 이루어져 오던 신탁업이 2005년 퇴직연금을 계기로 다른 업권으로까지 확대 인가되고 증권사가 특유의 운용능력과 상품개발 역량을 발휘하면서 신탁업을 이끌어가던 배경과 그 양상 그리고 주요 운용자산 등을 대략적인 시간 순서에 따라 구체적으로 기술하였다. 현재의 경제환경이 과거와는 많이 달라 현재 시점에 과거와 똑같이 운용하는 방법이 의미가 없다고 볼 수도 있겠지만, 과거의 운용상품에 대한 복기를 통해 앞으로 또 어떤 새로운 운용방법 또는 새로운 금융상품을 개발할 수 있을지에 대한 영감이나 통찰력을 얻기 위한 목적으로 탐독하면 도움이 되리라 생각한다.

마지막 네 번째로는 '채권운용의 위험과 기회'라는 제하에, 앞서 언급한 대로 코로나 사태 대응과정에서 비롯되어 2022년 하반기 이후 전 세계적인 물가상승으로 인한 금리 급등으로 증권사 랩, 신탁의 채권형 계약에서 발생한 대규모 평가손실 사태의 근본적인 원인과 전개 양상 그리고 그에 따른 교훈과 향후의 대안까지 짚어보았다. 이번 사태를 통해 과거와 같은 과열된 금리 입찰경쟁을 지양하고 새롭게 시장질서를 재편함으로써 건전한 투자문화를 정착하여 자본시장의 안정성 확보에 디딤돌이 되기를 바라는 의도이다.

본 서는 채권의 입장에서, 신탁(또는 랩)의 입장에서 그리고 증권사 입장에서의 경험을 토대로 필자가 시장을 바라보고 해석하는 입장을 기술하였다. 그래서 필자가 생각하는 '채권'을 한마디로 요약하여 표현한 정의를 본 서의 제목으로 정한 이유다. 그렇다고 필자가 증권사 신탁의 채권운용역들을 무조건 옹호하는 입장에서 의견을 피력한 것은 아니다. 증권사 운용역들이 어느 부분에서 어떻게 잘못을 했는지 누구보다 구체적으로 지적하였다.

그럼에도 신탁부서 운용역들은 차이니즈-월(Chinese Wall, 정보교류차단) 규제와 증권사 자기자본을 운용하지 않는 태생적 한계로 인해 관리부서임에도 증권사 타 부서에 비해 과도하게 소외되고 홀로 감당해야 할 업무가 많은 것이 현실이다. 경쟁이 치열해 신탁보수율도 굉장히 박한 관계로 수익을 많이 벌어들이는 부서도 아니고 그래서 인력 이동도 잦은 편이지만, 대신 회사 입장에서는 회삿돈을 쓰지 않으므로 자기자본의 손실위험은 없을 것이라는 믿음이 있었는데 이번 평가손실 사태로 그 심리적 지지선마저 송두리째 흔들리고 있다.

시장의 신뢰를 다시 얻기 위해서는 또 많은 시간이 필요할 수도 있을 것이다. 투자신탁도 1980~1990년대에 지금의 랩, 신탁과 비슷한 과정으로 펀드 간 자전거래 등의 폐해를 경험한 후 공적자금을 투입하고 회사가 넘어가는 등 엄청난 내홍을 겪고 나서야 현재와 같이 운용회사, 판매회사, 수탁회사, 일반사무관리회사 등으로 나눠졌고 지금은 안정적인 시장 입지를 구축하고 있다. 흠집 하나 없는 속살로 세상을 살아갈 수는 없다. 인생은 굳은살로 살아가는 법이다.

'장강후랑추전랑(長江後浪推前浪)'이라고 했다. 시간이 흐르며 뒤 파도가 앞 파도를 밀어내며 세대교체가 이루어지는 건 어쩔 수 없는 자연현상이지만, 뒤 파도는 다시 또 그 뒤 파도에 밀려 나가기 마련이다. 증권사 랩과 신탁의 후배들이 새로운 투자문화를 정착하여 다시 '승풍파랑(乘風破浪)' 할 것을 기대한다.

2024년 여름

차 례

프롤로그 —————————————————————— 4

제1장 시장금리와 채권의 관계 • 13
1. 채권형 운용자산의 만기보유수익 ————————————— 15
2. 중도매도 시 투자수익률 계산 —————————————— 21
3. 중도매도 시 투자수익의 구분 —————————————— 37

제2장 '신탁'과 '신탁업'의 개념 • 43
1. '신탁'의 기본 개념 ——————————————————— 45
2. '신탁업'의 기본 개념 —————————————————— 55
3. 신탁상품의 구조 설계 —————————————————— 78

제3장 증권사 신탁의 등장과 채권형 상품 • 91
1. 증권사의 신탁업 인가 —————————————————— 93
2. 수시입출금 신탁의 시작 ————————————————— 97
3. 채권형 자산의 만기보유 신탁상품 ————————————— 101
4. 정기예금의 만기불일치 운용신탁 ————————————— 114
5. 다양한 자산을 기초로 한 자산유동화 기업어음증권의 운용 —— 134
6. 금리상승위험에 대비한 FRN ——————————————— 155
7. 환매조건부 매도를 활용하는 증권신탁 ——————————— 158
8. USD Sell & Buy 신탁 —————————————————— 166

10 채권투자 : 다음 매수자의 만기보유수익 빼고 남는 게 내 거

제4장 채권운용의 위험과 기회 • 173

1. 증권사 채권형 랩, 신탁상품의 영업 관행 ——————— 175
2. 대규모 평가손실 발생 이후의 전개 양상 ——————— 191
3. 새로운 투자 문화 정착의 필요성 ———————————— 195
4. 만기가 짧은 확약물에 주목해야 하는 이유 ——————— 202

에필로그 ————————————————————— 217

1

시장금리와 채권의 관계

우리는 언론을 통해 "금리가 올라 채권수익률이 떨어졌다", "국채수익률이 급락하여 채권가격이 폭등했다" 등과 같은 기사를 여러 차례 접하여 '금리'와 '채권의 가격'은 반비례한다는 것쯤은 이미 모두 알고 있을 것이다. 채권가격의 계산식을 통해서도 '미래의 현금흐름을 현재의 금리로 할인하여 가격을 계산함에 있어 분모에 시장금리가 들어가므로 분모가 커지면 전체 값은 작아지는 것이다'는 개념을 이미 주입식 교육을 통해 이해하고 있을 것이다.

$$P = \sum_{t=1}^{n} \frac{CF_t}{(1+r)^t}$$

P : 채권의 현재가격, CF_t : t기에 발생하는 현금흐름, r : 채권수익률

그러나 이것으로는 뭔가가 조금 부족하다고 느껴진다. 이는 어디까지나 억지로 수긍을 당한 느낌일 뿐이지, 충분히 직관적으로 이해를 한 것이라고 보기는 어려울 것 같다. 이렇게 금리와 채권수익률에 대한 충분한 이해가 바탕이 되지 않는 상황하에서 자칫 금리가 좋다고 무턱대고 매수를 했다가는, 너무 만기가 긴 채권을 사서 고물가 등으로 인한 시장금리 상승에 채권 평가손실의 직격탄을 제대로 맞아 울며 겨자 먹기 식으로 만기 보유하게 되는 등 시장에서 '참교육'을 당할 수도 있으므로 주의해야 한다.

이번 장을 통해 '시장금리'와 '채권가격'에 대해 보다 직관적으로 이해하게 된다면 다음에 언론 기사 등을 접할 때는 머릿속으로 무리 없이

부드럽게 따라가며 이해할 수 있게 될 것이다. 그 이해를 바탕으로 적어도 시장의 흐름을 거스르지 않도록 해보자.

1. 채권형 운용자산의 만기보유수익

우선 채권, CD,[1] CP,[2] 단기사채[3] 등 채권형 운용자산(이하 '채권 등')의 매매, 상환 등에 따른 이익구조에 대해 살펴보고자 한다(논의의 편의를 위해 별도의 언급이 없는 한, 보유기간 중 현금흐름이 없는 채권형 자산 즉, 할인채, CD, CP, 단기사채를 기준으로 설명한다).

필자가 설명하는 채권 등의 개념에서 먼저 전제해야 할 것은 앞으로 언급하는 '나'는 채권 등의 보유자, 매수자, 기존 투자자 등 명목 여하를 불문하고 현재 시점에 채권 등을 가지고 있는 '현재의 투자자'를 말하는 것이고, 앞으로 언급하게 될 '다음 매수자'는 현재에는 채권 등을 보유하고 있지 않지만, 말 그대로 '내'가 파는 채권 등을 매수하고자 하는, 현재로서는 '투자예정자'를 의미한다는 것이다.

그리고 채권 등의 투자에 있어서는 아래 그림과 같이 '잔존만기에 따른 금리'를 표시하는 그래프를 항상 머릿속에 그리고 있으면 개

---

[1] CD(Certificate of Deposit, 양도성예금증서) : 원금과 이자를 합쳐 만기에 액면금액을 받는 비금융투자상품
[2] CP(Commercial Paper, 기업어음증권) : 이자를 선취하여 인식 후 만기에 액면금액을 받는 금융투자상품
[3] 단기사채 : 종이와 같은 실물이 아닌 전자방식으로 발행되는 1년 미만의 단기 채권

념을 이해하기가 훨씬 쉬울 것이다. 그래프에서 잔존만기별로 금리를 나타내는 점을 표시하여 연결하면 수익률 곡선(Yield Curve)이 되는데, 수익률 곡선의 가로축은 시간, 그중에서도 '잔존만기'를 나타내고, 세로축은 '금리'를 나타낸다(채권 등에서 나오는 그래프는 대부분 가로축은 시간, 세로축은 금리를 나타낸다).

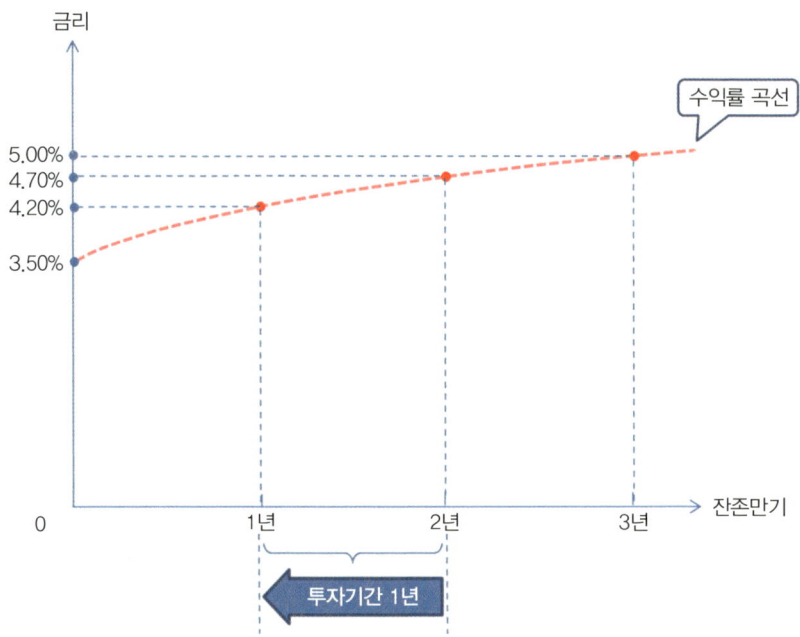

수익률 곡선의 가로축은 잔존만기, 세로축은 금리를 나타내며, 채권 등의 투자기간은 매수시점으로부터 역순으로 계산한다. 가령, 2년 만기 채권을 사서 1년 보유 후 잔존만기 1년 시점에 매도하는 경우 위 그림과 같이 투자기간은 가로축을 역으로 거슬러 1년으로 표시한다.

예를 들어, 어떤 특정한 CP 종목 하나의 현재 시점 잔존만기 3년 금리가 5.00%, 잔존만기 2년 금리가 4.70%, 잔존만기 1년 금리가 4.20%, 잔존만기 1일짜리 금리가 3.50%라고 가정할 경우 이를 연속적으로 이어 보면 보통 앞과 같은 우상향의 곡선이 도출될 것이다.

위의 사례에서 가령 2년 만기 CP를 4.70%에 매수한 후 이를 1년간 보유하면 나의 투자기간은 앞 그림에서 보는 바와 같이 잔존만기 2년 시점으로부터 잔존만기 1년에 이를 때까지가 될 것이다. 즉, 수익률 곡선 그래프에서 '채권 등'의 투자기간(또는 보유기간)은 매수시점으로부터 역으로 일별 계산한다. 앞 그림 중 큰 화살표의 '투자기간'처럼 가로축인 잔존만기의 역의 방향으로 표시한다.

앞으로 채권 등의 개념을 이해할 때는 앞의 그래프를 머릿속에 그리고, 잔존만기가 얼마 정도 되는 채권 등을 매수했다면 매수시점부터 하루하루 매수금리만큼 수익을 쌓으며 잔존만기 '0' 시점을 향해 다가간다는 상상을 하면 훨씬 더 이해하기 편할 것이다.

물론 특정 종목의 수익률 곡선이, 특정 시점에 위의 형태와 같다고 해도 이는 참고사항일 뿐이며 잔존만기는 매일 하루씩 짧아지고, 시장금리도 매일 변할 것이므로 항상 같은 형태를 유지할 수는 없다. 또한 시장 유동성이 어느 정도 여유가 있는지에 따라 수익률 곡선에서 벗어난 거래가 얼마든지 일어날 수 있다. 다만, 수익률 곡선이라는 것은 특정종목의 특정시점의 잔존만기별 금리가 이런 정도로 형성돼 있어서, 자산의 평가나 매매가 필요한 경우 그 해당 금리로 평가 또는 매매하는 데 따른 정당성을 충분히 부여한다는 정도로만 인지하고 참고하면 될 것이다.

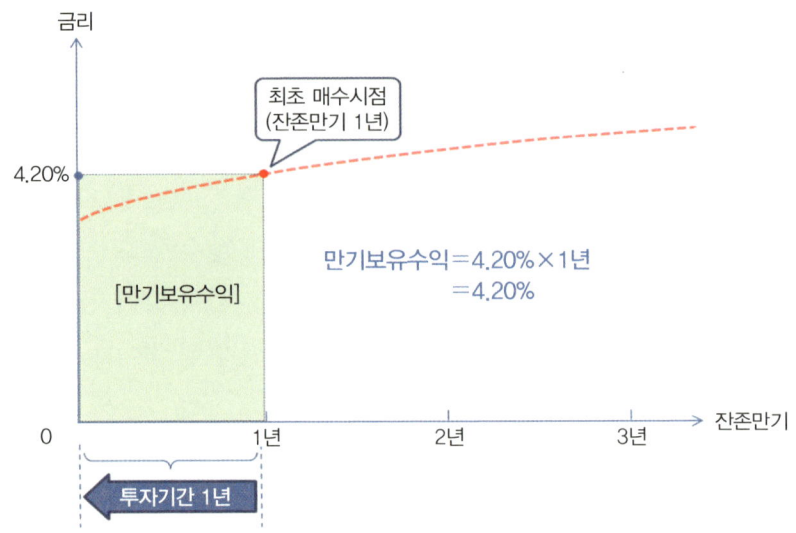

잔존만기 1년 CP를 매수하여 만기보유 하면 투자수익은 4.20%(금리)×1년(투자기간)=4.20%(투자수익)이다.

만약 수익률 곡선이 앞과 같을 때, 가령 1년 만기 채권 등을 4.20%에 매수하여 만기까지 보유하면 나의 만기보유수익(률)은 단순하게 계산하면 당연히 4.20%×1년=4.20%가 될 것이다(투자원금을 1원으로 가정하면 '만기보유수익'과 '만기보유수익률'은 같을 것이다). 즉, 채권의 수익률 또는 금리는 항상 '연 수익률'을 나타내는 것이므로 면적으로 표시되는 '만기보유수익'은 세로인 '금리(연 수익률)'와 가로인 '잔존만기(또는 투자기간)'의 곱으로 나타낼 수 있을 것이다(채권 등을 만기보유 하는 경우 잔존만기와 투자기간은 같을 것이므로). 이를 일반적인 식으로 표현하면 다음과 같다.

> 만기보유수익 = 금리 × 잔존만기

즉, 투자금액을 1원으로 가정하고, 채권 등을 만기보유 하는 경우 잔존만기와 투자기간은 같을 것이므로 또한 다음과 같이 부연할 수도 있을 것이다.

> 만기보유수익(률) = 금리(연 수익률) × 잔존만기(투자기간)

또한 위 식의 투자기간을 일 단위로 표시하면 다음과 같다.

$$\text{만기보유수익(률)} = \text{금리(연 수익률)} \times \frac{\text{잔존만기(일)}}{365(\text{일})}$$

다시 말해, 만기보유수익률은 '연 수익률인 금리'를 실제 투자기간의 수익률로 표시한 수익률이라고 할 수 있고, 거꾸로 이 만기보유수익률을 연 수익률인 금리로 환치하려면 위 식을 '금리(연 수익률)'로 다시 정리하여 만기보유수익률에 365를 곱하고 잔존만기 일수로 나누면 될 것이다. 물론 이를 연으로 환산한 기간으로 나누어도 결과는 같을 것이다.

$$\text{금리}(\text{연 수익률}) = \text{만기보유수익}(\text{률}) \times \frac{365(\text{일})}{\text{잔존만기}(\text{일})}$$

$$= \text{만기보유수익}(\text{률}) \div \text{잔존만기}(\text{년})$$

이 개념을 바탕으로 채권 등을 '1년 만기보유 할 때의 만기보유수익'과, '3년 만기보유할 때의 만기보유수익'을 비교해서 살펴보면 아래 그림과 같이 표시할 수 있다.

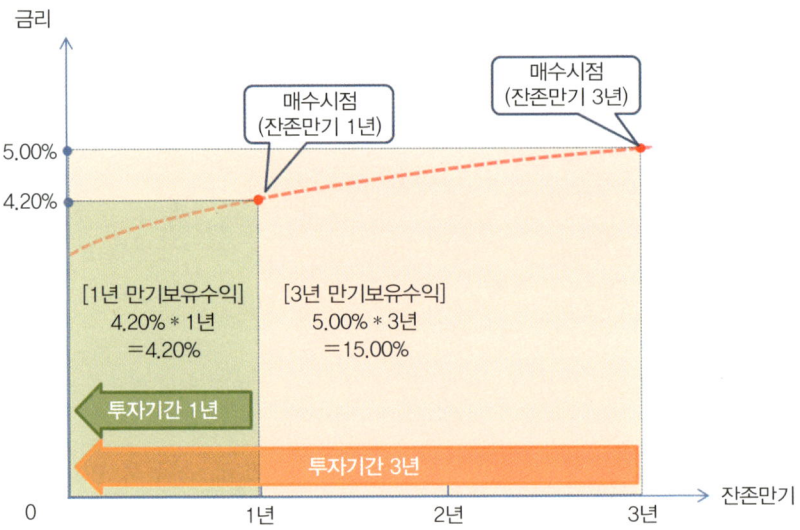

잔존만기 1년 채권형 자산을 매수하여 만기보유 하면 투자수익은 4.20%(금리)× 1년(투자기간)=4.20%(투자수익)이고, 3년 만기 채권형 자산을 매수하여 만기보유 하면 투자수익은 5.00%(금리)×3년(투자기간)=15.00%(투자수익)가 될 것이다. 각각의 연환산 수익률을 구하기 위해서는 투자수익을 각각의 투자기간인 1년과 3년으로 나누면 되므로 4.20%(=4.20%/1년)와 5.00%(=15.00%/3년) 즉, 연환산 수익률인 '금리'와 같게 될 것이다.

채권형 자산의 수익률을 계산하기 위한 산식은 위의 '만기보유수익' 식 하나로 많은 부분 설명이 가능한데, 앞으로 위의 식을 가지고 채권 등을 어떻게 하면 쉽게 이해할 수 있는지 설명을 하고자 한다.

물론 채권이냐 CD냐 CP(또는 단기사채)냐에 따라 그 가격계산식이 각기 조금씩 다르고 따라서 결과적으로 수익률도 조금씩 다를 수 있지만, 본 서에서는 개념을 우선 이해하는 것이 목적이므로 편의상 '만기보유수익＝금리×잔존만기'로 나타내기로 한다.

2. 중도매도 시 투자수익률 계산

앞에서 채권 등을 만기보유 하는 경우 해당 채권 등의 발행사가 디폴트(default, 채무불이행) 나지 않는다면 당연히 '금리×잔존만기'만큼의 수익을 얻을 것이라고 설명했다.

그러나, 금리가 하락할 것으로 예상되지만(물론 실제로 예상이 맞을 확률은 논외로 하고) 그 시기가 언제일지 알 수 없어 나의 투자기간보다 만기가 조금 더 긴 물건을 매수하여 중도에 매도하는 경우를 생각해 볼 수도 있을 것이다. 앞선 사례와 같이, 한 회사가 발행한 잔존만기 3년 물건을 매수한 후, 2년 보유하여 만기가 1년 남은 시점에 시장금리대로 매도하는 경우의 투자수익을 앞서 설명한 개념으로 이해해 보자.

이번에는 앞서 설명한 만기보유의 경우처럼 '나의 투자기간'과 '채권 등의 잔존만기'를 일치시키는 운용방식(만기일치식, 매칭형)과는 다르게, '나의 투자기간'과 '채권 등의 잔존만기'를 일치시키지 않는 방식(만기불일치식, 미스매칭형)의 투자를 가정하는 경우에는 투자수익률을 어떻게 구하는지 알아보고자 한다. 이러한 만기불일치식의 경우, 보통 '나의 투자기간'보다 '채권 등의 만기'를 더 길게 운용하는 것을 가정하여 설명한다('나의 투자기간'보다 '채권 등의 만기'를 더 짧게 운용하는 경우는 굳이 설명할 필요가 없을 것이므로).

위의 사례대로 내가 매수하여 보유 2년 후, 만기 1년 남은 물건을 시장에 매도하는 경우, '내가 매도한다'는 것은 '시장에 다른 누군가가 그 물건을 매수한다는 뜻이므로' 다음 매수자도 그 물건을 만기보유 하면 당연히 '금리×잔존만기'만큼의 만기보유수익을 얻게 될 것이다(물론 다음 매수자가 만기보유할지 다시 중도에 매도할지는 매도하는 내가 매도 시점에 알 필요는 없다). 채권 투자에 있어서 해당 채권의 이자수익 외에 다른 곳에서 수익이 나오는 것이 아니므로, '내'가 만기보유 시 먹게 될 이익에서, 매도 시 '다음 매수자'가 잔존만기 동안 먹을 이익을 빼주면 결과적으로 그게 나의 투자수익이 될 것이다.

즉, 채권 등의 매도 시 투자수익은 다음과 같은 개념으로 정리할 수 있을 것이다.

나의 투자수익 = (나의 만기보유수익) − (다음 매수자의 만기보유수익)

위 내용은 채권 등의 투자에 있어서 아주 중요한 개념으로서, 기존의 투자수익 계산식과 의미는 일맥상통하지만 조금 색다른 접근법이다. 채권 등에 연관되어 있는 많은 사람들이 항상 이 개념을 염두에 두고 채권 등을 접한다면 많은 복잡한 개념들이 쉽게 이해되는 경험을 하게 될 것으로 확신한다.

그리고 '투자수익(률)'으로 '연환산 투자수익률'을 구하기 위해서는 '나의 투자수익(률)'을 '나의 투자기간(년)'으로 나눠주기만 하면 된다(또는 일 단위를 적용하여 '×365÷투자일수'를 해도 된다).

$$\text{투자수익률}_{(연환산)} = \text{(기간)투자수익률} \div \text{투자기간}_{(년)}$$
$$= \text{(기간)투자수익률} \times \frac{365_{(일)}}{\text{투자일수}_{(일)}}$$

즉, 앞서 언급한 '만기보유수익률과 금리(연 수익률)'의 관계와 마찬가지로, 나의 투자기간 동안의 단순 (기간)투자수익률을 나의 투자기간으로 나눠주면 연환산 투자수익률을 구할 수 있다(분자를 분모로 나눈다는 것은 분모 1단위에 해당하는 분자의 값을 나타낸다는 의미라고 해석할 수 있을 것이다).

그러면 이 개념을 적용하기 위해 앞서 1년 만기보유 하는 경우와 3년 만기보유 하는 경우의 사례를 다시 소환해 보자.

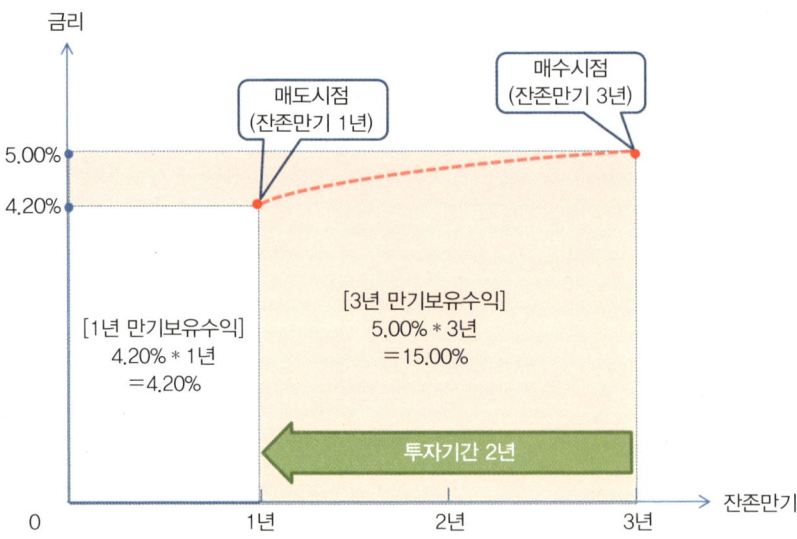

위 그림에서 보는 바와 같이, 중도매도 시 '나의 투자수익'을 계산하기 위해서는 '다음 매수자가 먹게 될 만기보유수익'은 애초에 예정된 '나의 만기보유수익'에서 '차감'해야 할 것이다. 이를 식으로 표시하면,

> 나의 투자수익 = (나의 만기보유수익) − (다음 매수자의 만기보유수익)
> = (5.00% × 3년) − (4.20% × 1년)
> = 15.00% − 4.20%
> = 10.80%

그리고 '나의 투자수익률'을 구하기 위해서는 '나의 투자수익'을 '나의 투자기간'으로 나누어 연환산 수익률로 표시하여야 할 것이므로

> 투자수익률(연환산) = (기간)투자수익률 ÷ 투자기간(년)
> = 10.80% ÷ 2(년)
> = 5.40%

결과적으로 보면, 최초 3년 만기 채권을 5.00%에 매수하여, 2년 보유 후, 만기 1년 남은 시점에 4.20%에 매도하면 나의 투자수익률은 5.40%가 되어 앞 그림의 옅은 주황색 음영 부분 만큼이 나의 투자수익이 된다.

달리 표현하면, 채권을 사서 보유하다가(5.00%), 2년 경과 후 매도 시 잔존만기(1년) 동안의 시장금리만큼만 다음 매수자에게 주고(4.20%), 잔존만기 동안의 나머지 금리(0.80%=5.00%－4.20%)는 나의 몫이 된다는 뜻이다.

또 다르게 표현하면, '시장금리가 하락하면, 매도 시 다음 수익자에게 나의 채권 보유금리보다 덜 주고 나머지는 내가 먹을 것이므로 나의 투자수익률이 올라간다'는 의미로도 말할 수 있다.

반대로, '시장금리가 상승하면 매도 시 다음 매수자에게 내가 먹을 나의 채권 보유금리보다 더 많이 내 몫에서 떼줘야 할 것이므로 나의 투자수익률이 내려간다'는 의미가 된다.[4]

---

4 이는 채권 등의 '매도'뿐만 아니라 '평가'에도 똑같이 적용되는 개념으로서, 채권을 사서 현재 보유하고 있는데 시장금리 변동에 따라 그 채권을 평가한다는 의미는, 그 채권을 팔려고 할 때 매도가격이 얼마나 될지를 계산한다는 뜻이기 때문이다.

이제 앞서 언급한 식을 이용하면 다음과 같이 요약할 수 있다.

금리	나의 투자수익(률)	=	나의 만기보유수익	−	다음 매수자의 만기보유수익
상승(+)	(−)	=	(불변)	−	(+)
하락(−)	(+)	=	(불변)	−	(−)

즉, 시장금리가 변동함에 따라 '나의 만기보유수익'은 변함이 없는 상태에서 다음과 같은 논리가 작동함을 알 수 있다.

금리가 오르면 다음 매수자의 만기보유수익이 올라 나의 투자수익률(채권수익률)이 떨어진다.

금리가 내리면 다음 매수자의 만기보유수익이 내려 나의 투자수익률(채권수익률)이 올라간다.

자, 이제 여러 언론 기사에서 수없이 접했던 '시장금리가 하락(상승)하여 채권 투자수익률이 높아(낮아)졌다'는 것을 직접 눈으로 확인하고 충분히 이해했으리라 짐작된다.

기존의 투자수익 계산 개념

그럼 이제 '다음 매수자의 만기보유수익 차감'의 개념을 기존의 채권 투자수익 계산방식과 비교해서 설명해 보자. 기존의 투자수익 개념은 다음과 같이 채권 등의 '매도가액'과 '매수가액'을 구해서 그 차익을 계산하는 방식이다.

> 투자수익 ＝ 매도가액 － 매수가액
> 　　　　＝ (매도시점의 시장금리로 할인한 원금과 이자)
> 　　　　　－ (매수시점의 시장금리로 할인한 원금과 이자)

그런데, 앞서 설명한 '다음 매수자의 만기보유수익 차감'의 개념이 위와 같은 기존의 투자수익 계산방식과 완전히 동떨어진 새로운 개념은 아니다. 사실 '다음 매수자의 매수'라는 것은, 현재 채권 등의 투자자인 '나의 입장에서는 매도'를 뜻하는 것이므로 '나의 매도가액'을 구하는 것은 '다음 매수자의 만기보유수익'을 구하는 것과 맥락을 같이하는 개념이다.

다만, 각각의 매도가액과 매수가액에는 '원금부분'과 '이자부분'이 포함돼 있을 것이고, 그것이 '이자부분(만기보유수익)'만 설명하는 필자의 접근법과 다른 점이다.

그런데 채권 등의 투자에 있어서 '이자수익' 외 다른 수익이 있는 것이 아니고, 만약 '이자수익'에서 나올 수익을 넘는 수익이 있다면 이는 앞선 매수자의 '원금'에서 나온 것일 테고(또는 나의 예정되었던 만기보유수익 이외의 이익(손실)은 다음 매수자에게 귀속될 만기보유수익의 손실(이익)일 것이므로), 그리고 어차피 '나의 만기보유수익 이외의 손익'은 다음 매수자의 이익에 더해지거나 차감될 것이다.

따라서 채권 등의 수익구조를 이해하는 데 있어 안 그래도 이자수익과 자본차익이 섞여 있어 혼란스러운데 거기다 원금부분까지 포함되면 오히려 이해에 더 방해가 될 수 있으므로 필자는 이를 제외하고 설명하고자 하는 것이다. 그렇다고 필자가 채권 등의 계산식이 필요 없다고 주장하는 것은 아니다. 다만 직관적인 이해를 위해 잠시 접어두자는 얘기다.

앞서 간략히 언급한 대로 실제로 채권과 CD, CP(단기사채는 CP와 가격계산식이 같다)의 가격계산식은 다음과 같다.

[채권 가격계산식]

$$P = \sum_{t=1}^{n} \frac{CF_t}{(1+r)^t}$$

(P : 채권의 현재가격, CF_t : t기에 발생하는 현금흐름, r : 채권수익률)

[CD 가격계산식]

$$S = \frac{F}{\left(1 + r \times \frac{d}{365}\right)}$$

(S : CD의 현재가격, F : 액면가액, r : 할인율, d : 잔존일수)

[CP(단기사채) 가격계산식]

$$S = F\left(1 - r \times \frac{d}{365}\right)$$

(S : CP의 현재가격, F : 액면가액, r : 할인율, d : 잔존일수)

채권 등의 운용역이라면 기존에 세팅해 놓은 엑셀 프로그램으로 가격을 금방 계산할 수 있어서 익숙하겠지만 채권운용역이 아니라면 직관적으로 이해하기 어려울 수도 있을 것이다.

앞서 그림을 통해 언급한 사례와 동일한 가정하에, 채권, CD, CP 등 각각의 채권형 자산의 투자수익률을 위의 식을 이용하여 정확하게 미리 계산한 값을 통해 검증해 보자.

즉, 3년 만기 채권 등을 5.00% 매수하여, 2년 보유 후, 잔존만기 1년 채권 등을 4.20%에 매도하는 경우 각각 다음과 같은 투자수익률이 산출된다.

액면 100억, 매수금리 5.00%(만기 3년), **매도금리 4.20%**(만기 1년)

구분	매수가액 (5.00%)	현금흐름 (이자, 2년)	매도가액 (4.20%)	투자수익	투자 수익률
채권 (이표채)	10,000,000,000	1,000,000,000	10,077,940,000	1,077,940,000	5.39%
CD	8,695,652,174	0	9,596,928,983	901,276,809	5.18%
CP	8,500,000,000	0	9,580,000,000	1,080,000,000	6.35%

채권의 경우, 3개월 이표채를 가정하여 보유기간(2년) 중 10%(5%×2년)의 현금흐름이 발생하였고, 매도 시 시장금리 하락으로 인해 매도단가가 높아져 자본차익도 발생하여 투자기간(2년) 동안의 투자수익률은 5.39%로서 앞서 그림으로 설명한 5.40%와 거의 차이가 발생하지 않음을 알 수 있다.[5]

따라서 필자는 앞서 설명한 대로 '나의 만기보유수익'과 '다음 매수자의 만기보유수익'의 관점에서 접근하고자 하며, 이는 이자수익과 자본차익, 나아가 채권 등 관련 자산에 대한 이해도를 높일 수 있을 것이라 확신하기 때문이다.

앞서 언급한 개념은 만기상환 시에도 적용이 된다. 즉, 내가 매수한 후 만기상환을 받는 경우 만기상환 시 다음 매수자가 없으므로 '다음 매수자의 만기보유수익=0'이 될 것이고, 결과적으로 '나의 투자수익=나의 만기보유수익'이 된다.

시장금리 변동에 따른 투자수익률의 변동

이제 이 개념을, 그림을 통해 보다 직관적이고 쉽게 그리고 종합적으로 이해해 보자. 이번에는 3년 만기 채권을 사서, 1년 보유 후, 만기 2년이 남았을 때 시장금리로 매도하는 경우를 가정하여 논의를 전개해 보고자 한다. 그런데 최초 매수 시점에서는 내가 1년 후 시점에 어떤 금리로 매도할지 알 수 없고, 따라서 매수시점에 1년간의 투자수익률을 정확히 예상하는 것은 불가능하므로 논의의 편의상, 현재 매수시점의 금리를 5.00%로 가정하고, 1년 후 시장금리를 다음과 같이 크게 5가지 상황으로 나누어 살펴보자.

---

5 반면, CD의 투자수익률은 채권에 비해 낮고, CP의 투자수익률은 채권에 비해 훨씬 높은 것을 볼 수 있다. 이는 CD가 만기보유 이자수익을 후취로 인식하고, CP는 만기보유 이자수익을 선취로 인식하여 투자원금에서 차감함으로써 CP의 투자원금이 CD에 비해 적고, 그만큼 CP의 이자수익 금액이 CD에 비해 많기 때문인데, CP의 만기보유수익률(3년 만기 CP를 5.00%에 사서 만기보유 하면 수익률은 5.88%가 된다)이 매수금리(5.00%)보다 훨씬 더 높은 이유는 제3장에서 자세히 언급하기로 한다.

(1) 시장금리가 급등하는 경우(8.00%)

(2) 시장금리가 완만하게 상승하는 경우(5.50%)

(3) 시장금리가 보합인 경우(5.00%)

(4) 시장금리가 완만하게 하락하는 경우(4.50%)

(5) 시장금리가 급락하는 경우(2.00%)

위 5가지 상황에 따라 '나의 중도매도 시 투자수익률'이 어떻게 달라지는지를 그림으로 한 번에 나타내면 아래 그림과 같이 표현할 수 있을 것이다.

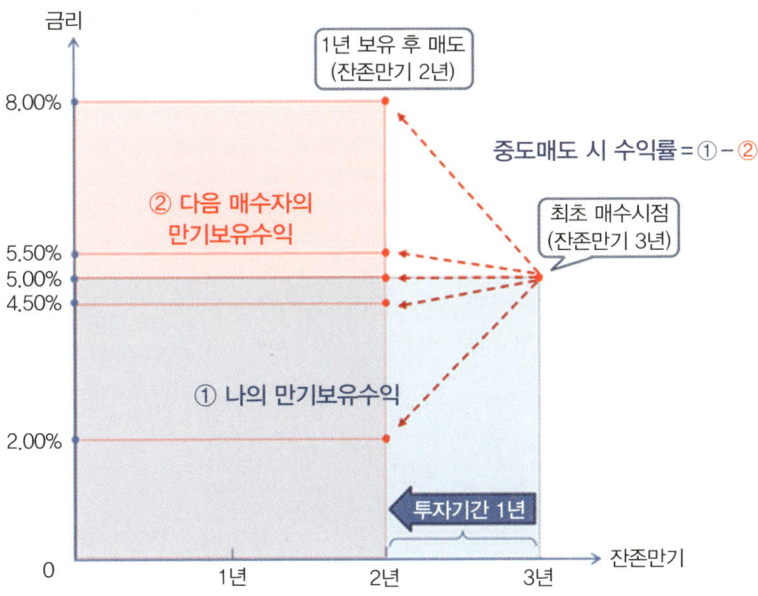

잔존만기 3년 CP를 매수하여 1년 보유 후 만기 2년 남은 물건을 매도하는 경우, '나의 만기보유수익(파란색 음영 부분)'에서 차감할 '다음 매수자의 만기보유수익(붉은색 음영 부분)'이 잔존만기 2년 시점에 매도하는 금리에 따라 달라질 것이므로 투자기간 1년간의 나의 투자수익률도 그에 따라 달라질 것이다.

하지만 이 경우에도 1년 후 매도금리에 따라 나의 투자수익이 어떻게 달라지느냐의 문제가 남을 뿐, 앞서 언급한 대로 '나의 만기보유수익'에서 '다음 매수자의 만기보유수익'을 뺀 것이 '나의 투자수익'이 되는 것에는 변함이 없다.

이제 이를 각각의 상황별로 투자수익률이 어떻게 계산되는지 하나씩 구체적으로 살펴보자.

(1) 금리가 급등하는 경우

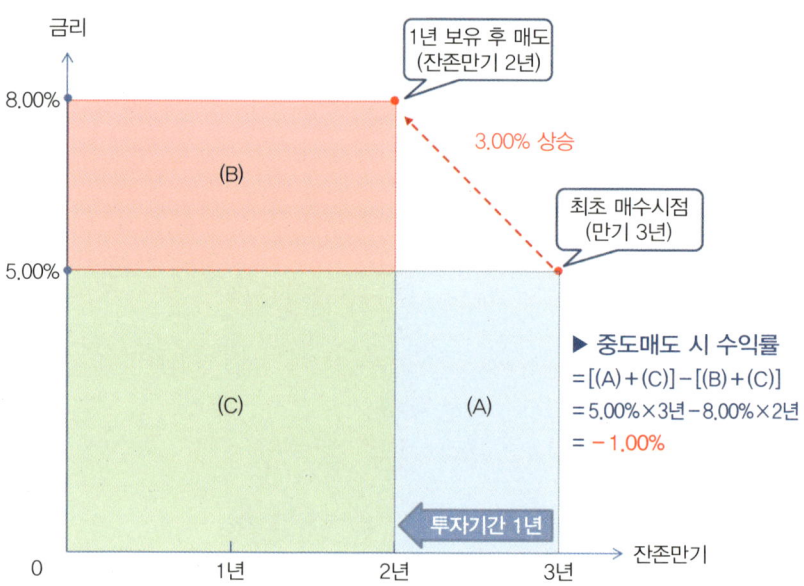

잔존만기 3년 CP를 매수하여 1년 보유 후 만기 2년 남은 물건을 매도할 때 잔존만기 2년 시점에서 금리가 급등한 경우, '나의 만기보유수익[(A)+(C)]'에서 '다음 매수자의 만기보유수익[(B)+(C)]'을 차감하면 결과적으로 (A)-(B)가 나의 1년 투자수익률이 되고, (A)의 면적보다 (B)의 면적이 크므로 투자기간 1년간의 나의 투자수익률[6]은 손실이 될 것이다.

(2) 금리가 완만하게 상승하는 경우

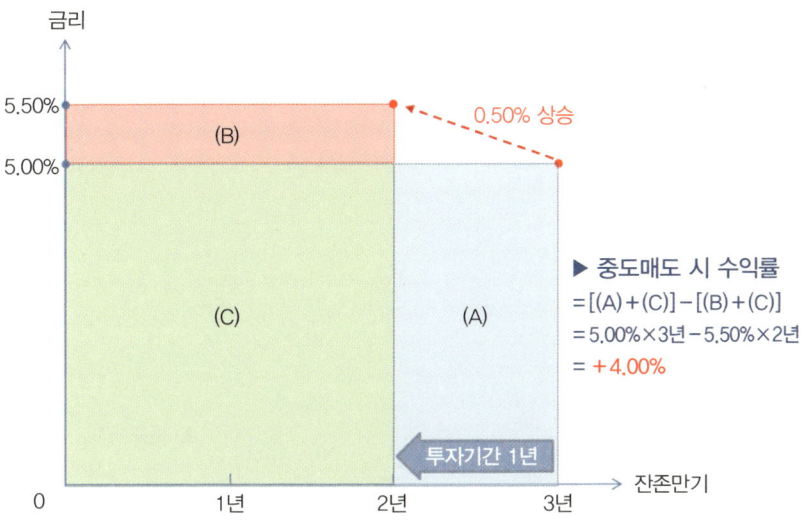

잔존만기 3년 CP를 매수하여 1년 보유 후 만기 2년 남은 물건을 매도하는 경우, 잔존만기 2년 시점에서 봤을 때, 결과적으로 금리가 완만하게 상승한 경우, '매수 후 나의 만기까지의 기대수익[(A)+(C)]'에서 '다음 매수자의 만기까지의 기대수익[(B)+(C)]'을 차감하면 (A)−(B)가 1년 투자수익률이 되고, 그래도 (A)의 면적이 (B)의 면적보다는 크므로 투자기간 1년간의 나의 투자수익률은 (+)가 될 것이다.

여기서 한 가지 새겨 봐야 할 점은, 시장금리가 오른다고 해서 반드시 손실이 나는 것은 아니라는 점이다. 왜냐면 시장금리가 내가 보유하고 있는 채권의 금리보다 상승해도, 내가 이미 보유한 기간

---

6 참고로 연환산 수익률을 구하기 위해 '투자수익÷투자기간(연)'을 하는 것은 기존의 수익률 계산방식과 동일하다. 본 사례에서는 투자일수를 1년으로 가정하였기에 이를 생략하였고 1년 투자를 가정한 본 서의 모든 사례의 경우도 마찬가지이다.

의 이자수익(A)이, 매도 시 잔존만기 동안의 금리상승분인 자본손실(B)보다 크다면 그 둘을 합쳐도 결과적으로는 이익이 될 것이기 때문이다[(A)＞(B)].

(3) 금리가 횡보하는 경우

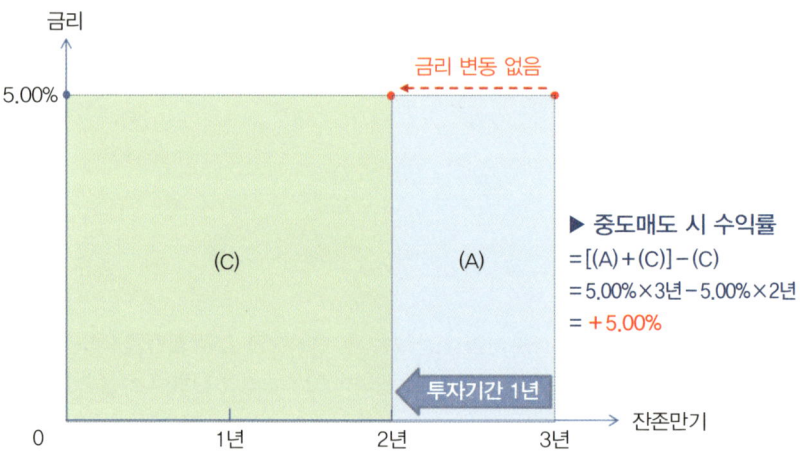

잔존만기 3년 CP를 매수하여 1년 보유 후 만기 2년 남은 물건을 매도할 때 잔존만기 2년 시점에서 금리가 매수시점과 같은 수준인 경우, '나의 만기보유수익[(A)+(C)]'에서 '다음 매수자의 만기보유수익(C)'을 차감하면 (A) 부분 만큼이 1년 투자수익률이 되어 투자기간 1년간의 나의 투자수익률은 자본손실 없이 이자소득만큼 (+)가 될 것이다.

금리가 횡보하는 경우에는 최초 매수금리의 수익을 투자자 각각의 보유기간만큼만 나누어 수취할 것이므로, 이런 경우만 존재한다면 채권에 대해 누구나 직관적이고 쉽게 이해할 수 있을 것이다. 그러나 그러한 우리의 바람대로 시장이 움직일 리는 없다. 시시각각 변하는 금융환경을 반영하는 시장금리에 배반당하지 않도록 우리가 맞춰가야 한다.

(4) 금리가 완만하게 하락하는 경우

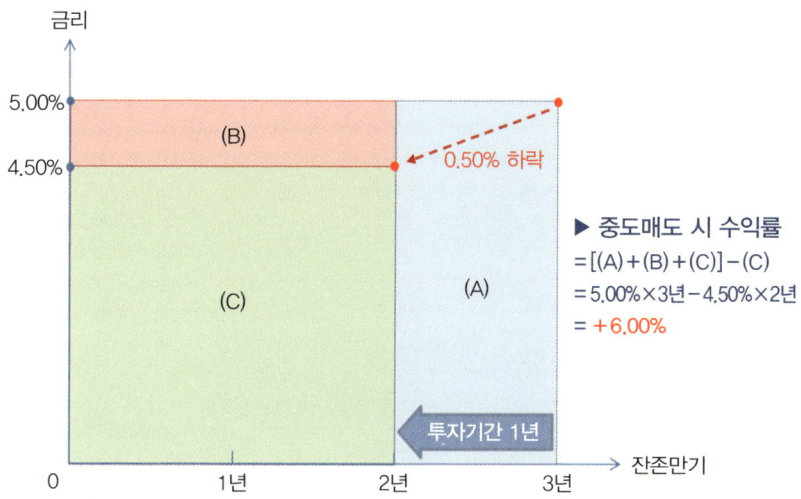

잔존만기 3년 CP를 매수하여 1년 보유 후 만기 2년 남은 물건을 매도할 때 잔존만기 2년 시점에서 금리가 완만하게 하락한 경우, '나의 만기보유수익[(A)+(B)+(C)]'에서 '다음 매수자의 만기보유수익(C)'을 차감하면 (A)+(B) 부분 만큼이 1년 투자수익률이 되어 투자기간 1년간의 나의 투자수익률은 이자소득(A)에 자본이익(B)만큼 더해져 이익이 더 늘어날 것이다.

앞서 언급한 수익률 곡선에서, 일반적인 경우 만기가 길면 금리도 높아 수익률 곡선이 우상향하는 형태를 띤다. 위 사례와 같이 3년 만기 채권을 사서 1년 보유 후 만기가 2년 남는 경우, 다른 모든 조건이 동일하다면 2년 금리가 최초 매수한 3년 금리보다 낮을 것이므로 보유기간(1년) 동안의 이자수익과 잔존만기(2년) 동안의 자본차익을 누리는 것이 일반적일 것이다. 이를 '수익률 곡선 타기 효과'라고 한다.

(5) 금리가 급락하는 경우

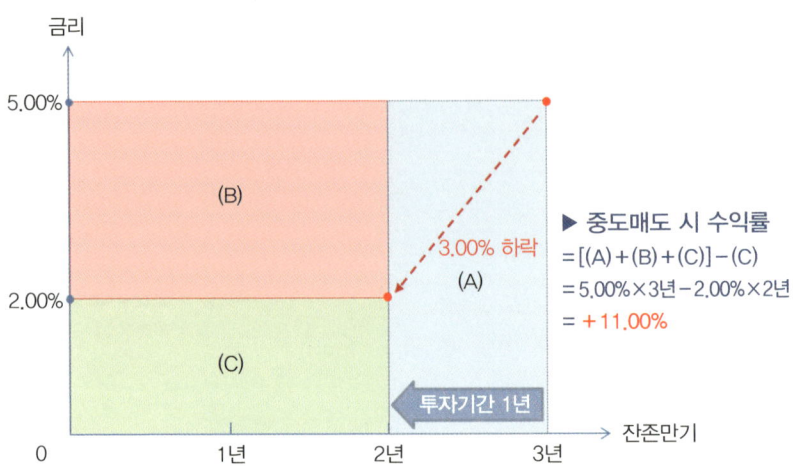

잔존만기 3년 CP를 매수하여 1년 보유 후 만기 2년 남은 물건을 매도할 때 잔존만기 2년 시점에서 금리가 급격하게 하락한 경우, '나의 만기보유수익[(A)+(B)+(C)]'에서 '다음 매수자의 만기보유수익(C)'을 차감하면 (A)+(B) 부분 만큼이 1년 투자수익률이 되어 투자기간 1년간의 나의 투자수익률은 이자소득(A)에 자본이익(B)이 더 크게 더해져 이익이 훨씬 더 크게 늘어날 될 것이다.

이상과 같이 각각의 상황별로 투자수익률이 어떻게 달라지는지 살펴보았다. 이를 요약하면 아래 표와 같다.

매수금리(%)	1년 후 금리 국면	매도금리(%)	변동 폭(%p)	투자수익률(1년, %)
5.00	급격한 상승	8.00	+3.00	−1.00
	완만한 상승	5.50	+0.50	+4.00
	횡보	5.00	0.00	+5.00
	완만한 하락	4.50	−0.50	+6.00
	급격한 하락	2.00	−3.00	+11.00

이제 시장금리가 하락(상승)하면 왜 채권수익률이 상승(하락)하는지 충분히 이해가 되었을 것으로 생각된다.

3. 중도매도 시 투자수익의 구분

그러면 이제 나의 투자수익을 구체적으로 어떻게 구분할 수 있는지 앞서 언급한 '나의 투자수익' 산식을 소환해 이를 다시 정리해 보자.

아래 산식을 읽어가면서 앞서 설명한 그림을 머릿속으로 그리며 이해하면 쉽게 이해될 것이다.

> (중도매도 시) 나의 투자수익
> = (나의 만기보유수익) − (다음 매수자의 만기보유수익)

그런데 '만기보유수익=금리×잔존만기'이므로 위 식을 다시 분해하면 다음과 같을 것이다.

> (중도매도 시) 나의 투자수익
> = (나의 매수금리 × 나의 잔존만기)
> − (다음 매수자의 매수금리 × 다음 매수자의 잔존만기)

또 '나의 잔존만기(앞선 사례에서 3년)'는 '매수시점부터 매도시점까지 내가 보유한 투자기간(1년)'과 '다음 매수자의 잔존만기(2년)'로 다시 분해할 수 있을 것이다. 그러면 식은 다음과 같이 정리할 수 있다.

> (중도매도 시) 나의 투자수익
> = [나의 매수금리 × (나의 투자기간 + 다음 매수자의 잔존만기)]
> − (다음 매수자의 매수금리 × 다음 매수자의 잔존만기)

이 식을 풀어서 '다음 매수자의 잔존만기'로 묶어 다시 정리하면 다음의 식과 같을 것이다.

> (중도매도 시) 나의 투자수익
> = (나의 매수금리 × 나의 투자기간)
> + (나의 매수금리 − 다음 매수자의 매수금리)
> × 다음 매수자의 잔존만기

즉, '(나의 매수금리×나의 투자기간)'의 의미를 곱씹어 보면 '나의 보유기간 동안의 이자수익'을 의미함을 알 수 있다.

그리고 '(나의 매수금리−다음 매수자의 매수금리)×다음 매수자의 잔존만기'는 '매도 시 잔존만기 동안의 자본손익'을 의미함을 알 수 있을 것이다. 즉, '나의 매수금리'가 '다음 매수자의 매수금리'보다 크면 '자본이익'을, 작으면 '자본손실'을 의미한다.

위 내용을 산식으로 다시 한번 정리해 보자.

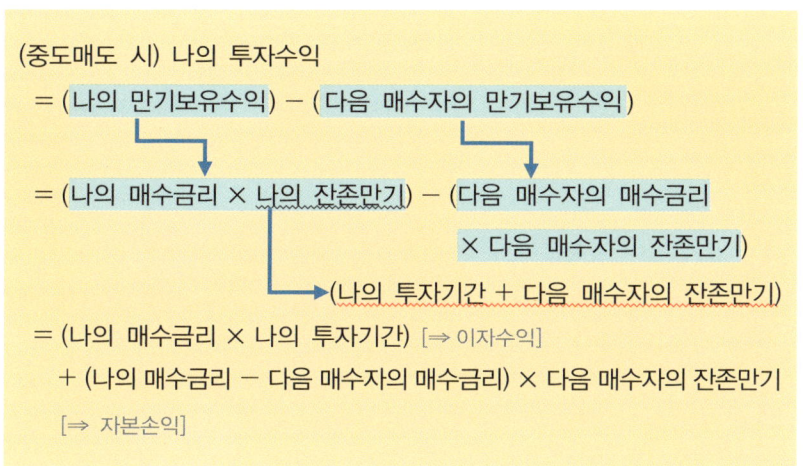

결과적으로 '나의 투자수익'을 구체적으로 구분해 보면
① '나의 투자기간 동안의 이자수익'과
② '매도 시 잔존만기 동안의 자본손익'으로 구성된다고 해석할 수 있다.

위와 같은 논리로, 시장금리의 하락을 예상하는 경우 만기가 긴 물건을 투자하는(듀레이션을 늘리는) 이유가 다음과 같이 설명된다. 10년 만기 채권을 사서 1년 보유 후 잔존만기 9년 채권을 매도하는 경우를 가정한 아래 사례를 통해 확인해 보자.

즉, 나의 투자기간 동안의 이자수익인 (A) 부분과, 매도 시 잔존만기 동안의 자본이익인 (B) 부분의 합이 최종적인 나의 투자수익이 된다. 더구나 개인투자자가 채권을 투자하는 경우 자본이익에 해당하는 (B) 부분은 비과세에 해당한다. 이를 앞선 사례와 같이 그림으로 나타내면 다음과 같다.

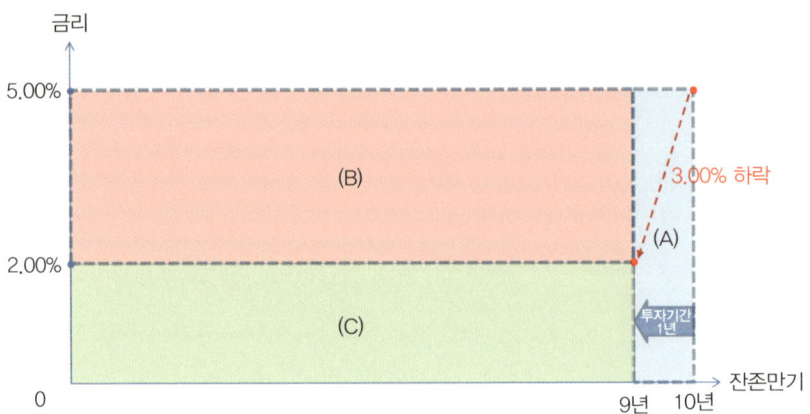

10년 만기 채권을 매수하여 1년 보유 후 만기 9년 남은 물건을 매도할 때 잔존만기 9년 시점에서 금리가 급격하게 하락하면, '나의 만기보유수익[(A)+(B)+(C)]'에서 '다음 매수자의 만기보유수익(C)'을 차감하면 (A)+(B) 부분 만큼이 1년 투자수익률이 되어 투자기간 1년간의 나의 투자수익률은 이자소득에 남은 9년간의 자본이익만큼이 더해져 이익이 더 크게 늘어날 것이다.

나의 1년 투자수익률
= 나의 만기보유수익 − 다음 매수자의 만기보유수익
= [(A) + (B) + (C)] − (C) = (A) + (B)
= (5.00% × 10년) − (2.00% × 9년)
= 32.00% / 1년 (→ 연환산)
⇒ 32.00%

하지만 예상과는 다르게 시장금리가 거꾸로 급등하는 경우 앞과는 반대로 평가손실을 크게 입는 경우가 발생할 수 있으니 큰 수익에는 큰 위험이 따른다는 교훈을 항상 염두에 두어야 할 것이다.

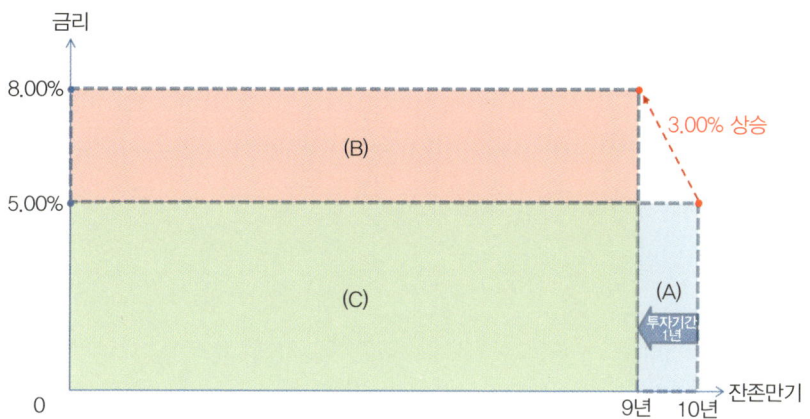

10년 만기 채권을 매수하여 1년 보유 후 만기 9년 남은 물건을 매도할 때 잔존만기 9년 시점에서 금리가 급격하게 상승하면, '나의 만기보유수익[(A)+(C)]'에서 '다음 매수자의 만기보유수익[(B)+(C)]'을 차감하면 (A)−(B) 부분 만큼이 1년 투자수익률이 되어 투자기간 1년간의 나의 투자수익률은 1년간의 이자소득보다 나머지 9년간의 자본손실이 훨씬 커서 큰 손실을 입을 수 있다.

나의 1년 투자수익률
= 나의 만기보유수익 − 다음 매수자의 만기보유수익
= [(A) + (C)] − [(B) + (C)] = (A) − (B)
= (5.00% × 10년) − (8.00% × 9년)
= −22.00% / 1년(→ 연환산)
⇒ −22.00%

2
'신탁'과 '신탁업'의 개념

투자자들이 주식, 채권 등 금융투자상품을 투자하는 데 있어 '신탁'이란 단어를 적지 않게 접해봤을 거라고 짐작이 된다. 굳이 투자를 위한 목적이 아니라도 언론 기사 등을 통해 '신탁', '부동산신탁', '투자신탁', '신탁업자', '특정금전신탁' 등 우리는 여러 경로로 '신탁'이라는 단어에 의도치 않게 노출되고 있다. 공부를 하든, 사업을 하든, 투자를 하든 무언가를 시작하려면 우선 그 정의와 개념을 잘 알아야 내가 지금 무엇을 하고 있고, 또 내가 어디에 있는지 흐름을 파악할 수 있을 것이지만, 실상은 아주 원론적인 참고서 수준의 법률 서적이거나 아니면 강의 참고자료 수준의 짜깁기식 파워포인트 자료가 대부분이라 뭔가 체계적으로 개념을 학습하기가 쉽지 않은 것이 현실이다.

이는 일반투자자에 국한된 얘기가 아니라, 법인의 자금 운용담당자, 금융투자업자의 관련 부서 직원들 그리고 심지어는 신탁의 운용역들에게도 동일하게 적용되는 사안임을 필자도 직접 경험을 통해 여러 차례 확인할 수 있었다. 그 결과 용어를 헷갈리게 쓰거나, 규정에 어긋나는 실무를 관행적으로 답습하거나 또는 앞선 사수에게서 급하게 인수인계를 받아 관성적으로 업무를 처리하거나 함으로써 실제 적용해야 할 법 규정 등을 잘못 적용하여 마치 통과의례처럼 시행착오를 반복하는 경우를 필자도 거의 일상다반사로 접하고 있다.

그리고 채권, CD, CP, 단기사채 등 채무증권 매매가 주로 장외에서 중개업자(채권브로커)를 통해서 알음알음 이루어짐으로써 외부에서 지켜보기에는 큰 진입장벽으로 느껴질 수밖에 없고, 안 그래도 어렵게 느껴지던 채권(채무증권) 등의 운용은 결과적으로 '그들만의 리그'가 되는 동시에 투명하지 못한 매매로 이어지는 상황이 전개되었음을 부인할 수 없을 것이다.

이에 본 장에서는 '신탁' 및 '신탁업'에 대한 이해에서 출발하여 채권형 상품(금융투자상품, 신탁상품)의 운용과 연관된 여러 개념의 정의와 현실적인 의미, 그리고 그 배경에 대해서 알아보고, 더 나아가 신탁상품의 구조를 깊이 있게 이해함으로써 상품개발(금융투자상품 또는 신탁상품의 개발) 방법에 이르기까지, 너무 무겁지도, 너무 가볍지도 않게 '신탁'과 '신탁업', 그리고 주된 상품인 채권형 상품에 대해 접근해 보고자 한다.

1. '신탁'의 기본 개념

'신탁'을 규율하는 법률은 크게 2가지로 나뉠 수 있다. 하나는 일반적인 사인(私人) 간의 신탁관계를 규정하는 '신탁법'이고, 다른 하나는 신탁을 계속적이고 반복적인 업(業)으로 하는 신탁업자에 관한 신탁관계를 규정하는 '자본시장과 금융투자업에 관한 법률(약칭 '자본시장법')'이다. 자본시장법(제4관 신탁업자의 영업행위 규칙)은 '신탁법'과 과거의 '신탁업법'을 근간으로 하여 제정되었고 본 서의 목적이 신탁의 법률적 의미를 파악하고자 하는 것이 아니라, 금융투자업으로서의 '신탁'을 이해하는 것이 목적이므로 '신탁법'은 간략하게 요점만 언급하고 앞으로 '자본시장법'을 중심으로 '신탁'을 이해해 보고자 한다.

(1) 신탁의 개념 및 성격

자본시장법에서 '신탁'이란 "'신탁법' 제2조의 신탁을 말한다"고 규정하고 있다. 신탁법 제2조는 다음과 같다.

신탁법

제2조(신탁의 정의) 이 법에서 '신탁'이란 신탁을 설정하는 자(이하 '위탁자'라 한다)와 신탁을 인수하는 자(이하 '수탁자'라 한다)간의 신임관계에 기하여 위탁자가 수탁자에게 특정의 재산(영업이나 저작재산권의 일부를 포함한다)을 이전하거나 담보권의 설정 또는 그 밖의 처분을 하고 수탁자로 하여금 일정한 자(이하 '수익자'라 한다)의 이익 또는 특정의 목적을 위하여 그 재산의 관리, 처분, 운용, 개발, 그 밖에 신탁 목적의 달성을 위하여 필요한 행위를 하게 하는 법률관계를 말한다.

즉, '신탁'은 위탁자, 수탁자, 수익자 이 3자 간에 이루어지는 법률관계를 규정하는 것으로 볼 수 있다.

- 신임관계에 기하여 자신의 재산을 맡기고 신탁을 설정하는 자
  ⇒ 위탁자(委託者)
- 위탁자와의 신탁계약 등을 통해 신탁을 인수하는 자
  ⇒ 수탁자(受託者)
- 신탁을 통해 관리되는 재산과 그로부터 발생하는 이익을 받는 자
  ⇒ 수익자(受益者)

이를 다음과 같이 간략하게 그림으로 표현할 수 있을 것이다.

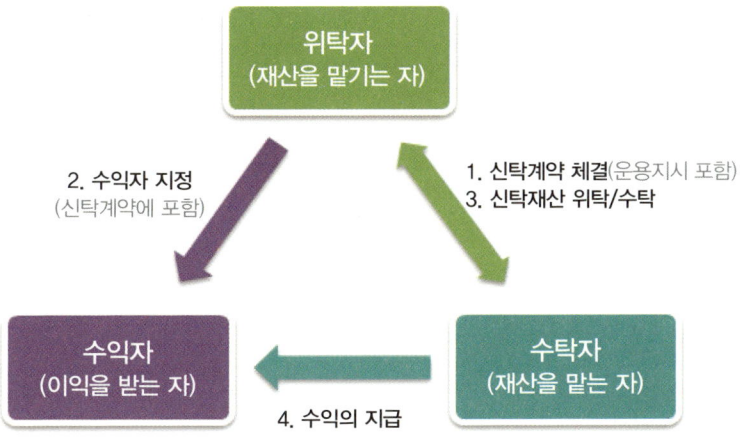

일반적으로 위탁자와 수익자는 동일하나(→ 자익신탁) 서로 다른 경우도 가능하다(→ 타익신탁[7]).

- 위탁자와 수익자가 같은 경우 ⇒ 자익신탁(自益)
- 위탁자와 수익자가 다른 경우 ⇒ 타익신탁(他益)

'단독운용신탁'과 '합동운용신탁'의 근본적 차이

이 외에도 신탁의 개념적 분류 기준은 여러 가지가 있지만, 그중에서도 주목해야 하는 분류 기준으로는 '위탁자의 수'에 따라 분류하는 '단독운용신탁'과 '합동운용신탁'이다.

---

[7] '타익신탁'에서 실무적으로 주의해야 할 것은, '신탁업무를 취급하는 자는 수탁재산 중 위탁자와 수익자가 다른 신탁의 구체적 내용을 관할세무서장에게 제출하여야 한다'는 점이다('상속세 및 증여세법' 제82조 제4항).

- 위탁자가 1인인 경우 ⇒ 단독운용신탁
- 위탁자가 2인 이상인 경우 ⇒ 합동운용신탁

'단독운용신탁'은 말 그대로 위탁자가 1인인 경우로서 현재 은행, 증권사, 보험사 등에서 취급하는 '특정금전신탁'이 이에 해당한다. 단독운용신탁은 신탁재산 간의 분별관리원칙에 충실하기 위하여 위탁자별로, 더 나아가 신탁계약 건별로 별도의 펀드를 구성하여 운용하는 신탁이다. 단독운용신탁은 위탁자만의 수요에 따라 자산을 구성할 수 있고, 위탁자가 원하는 시점에 자산을 사거나 팔 수 있다는, 그야말로 위탁자 마음대로 운용할 수 있다는 장점이 있다.

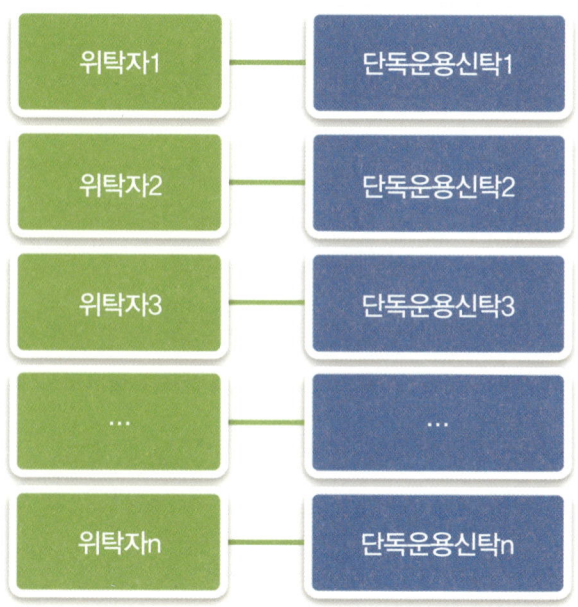

'합동운용신탁'은 2인 이상의 위탁자로부터 신탁자금을 모아 하나의 펀드를 구성하여 운용하고, 그 수익을 신탁금액과 신탁기간 등에 따라 수익자에게 배당하는 신탁을 말하는 것으로서 '투자신탁(자산운용사 등이 운용하는 펀드)' 등이 이에 해당한다.

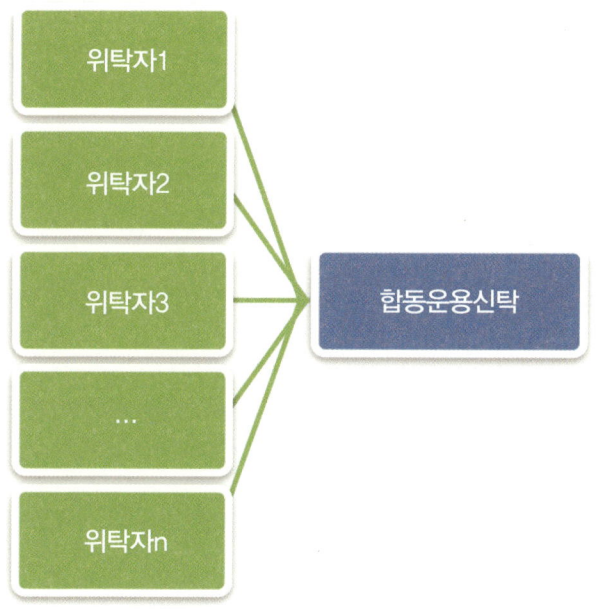

합동운용신탁은 수탁한 자산의 가격변동에 따라 순자산 가치를 계산하여 이를 기준가 방식으로 나타냄으로써 ① 매수금액과 매수일자 등 서로 조건이 다른 여러 수익자 간에 공정하게 수익을 배분하게 할 수 있으며, ② 일부 수익자의 출금 수요 등을 위해 매번 운용자산을 전부 매도할 필요가 없으므로 즉, 불필요한 매매를 방지하여 거래비용을 절감할 수 있고, ③ 여러 사람의 자금을 모아 함

께 운용함으로써 소액의 자금으로도 효율적으로 운용할 수 있는 등의 장점을 가지고 있다.

즉, '합동운용신탁'은 '단독운용신탁'에 비해 단순히 위탁자의 수가 1명 늘었을 뿐이지만 자산을 운용하는 데 있어 합동운용신탁과 단독운용신탁은 다음과 같은 여러 가지 근본적인 차이가 발생한다.

① 합동운용신탁은 위탁자 간에 입금일, 입금금액, 운용기간, 출금금액 등 여러 가지 조건이 서로 다른 재산을 하나의 신탁에 담아 운용하기 때문에 이를 공정한 기준에 의해 분배하기 위해 기준가 방식을 도입할 수밖에 없는 상황을 발생시킨다.

② 단독운용신탁인 특정금전신탁의 경우, 만약 2명 이상의 위탁자의 입금일자가 동일한 금전이라 하더라도, 향후 중도환매 등 수익자별로 자산을 시장매도 하여 출금해야 하는 경우가 발생할 수 있으므로 이 두 금전을 합쳐서(합동하여) '서로 분할할 수 없는 자산'에 운용하여서는 안 된다. 가령, 액면분할이 되지 않는 기업어음(CP) 등을 여러 위탁자가 합동으로 매수하여 운용해서는 안 되도록 규정하고 있는 것은 이러한 이유 때문이다.

③ 일반적으로 '단독운용신탁'은 위탁자가 1인이므로 위탁자(=수익자)가 회계처리 시, 수탁자가 보유하고 있는 재산을 수익자가 직접 보유하고 있는 것으로 보고 회계처리 한다.[8] 반면, '합동운용신탁'은

---

[8] 금융감독원은 특정금전신탁의 회계처리에 대해, 위탁자(수익자)인 상장법인 등이 신탁계약을 보유하는 경우, "투자자가 피투자자(→수탁자)의 일부분을 별도의 실체로 간주하여 투자자가 그 간주별도실체를 지배하는지를 고려하여 만약 지배한다면 이를 연결하여 회계처리 해야 한다"고 해석하고 있는데, 이는 곧 수탁자

일반적으로 자산에 대한 운용권한을 수익자가 가지고 있지 않으므로(수익자가 합동운용신탁을 지배하고 있지 않으므로) 위탁자는 수탁자가 보유하고 있는 여러 운용자산을 하나의 '수익증권(금융투자상품)'으로 보아 회계처리 한다. 만약 합동운용신탁에 대해서도 수익자가 운용권한을 가지고 있다면(합동운용신탁이라는 실체를 수익자가 지배하고 있다면) 이를 하나의 자회사로 보고 연결하여 회계처리 하여야 할 것이다.

(2) 신탁의 특징 및 활용 목적

신탁법에 따르면 '신탁'만의 독특한 수익자 보호장치가 있음을 알 수 있다.

신탁법 제3장 신탁재산

제22조(강제집행 등의 금지) ① 신탁재산에 대하여는 강제집행, 담보권 실행 등을 위한 경매, 보전처분(이하 "강제집행등"이라 한다) 또는 국세 등 체납처분을 할 수 없다. 다만, 신탁 전의 원인으로 발생한 권리 또는 신탁사무의 처리상 발생한 권리에 기한 경우에는 그러하지 아니하다.
② 위탁자, 수익자나 수탁자는 제1항을 위반한 강제집행등에 대하여 이의를 제기할 수 있다. 이 경우 「민사집행법」제48조를 준용한다.
③ 위탁자, 수익자나 수탁자는 제1항을 위반한 국세 등 체납처분에 대하여 이의를 제기할 수 있다. 이 경우 국세 등 체납처분에 대한 불복절차를 준용한다.

가 보유하고 있는 재산을 수익자가 직접 보유하는 것으로 회계처리 하는 것과 동일한 의미이다.

제24조(수탁자의 파산 등과 신탁재산) 신탁재산은 수탁자의 파산재단, 회생절차의 관리인이 관리 및 처분 권한을 갖고 있는 채무자의 재산이나 개인회생재단을 구성하지 아니한다.

제25조(상계 금지) ① 신탁재산에 속하는 채권과 신탁재산에 속하지 아니하는 채무는 상계(相計)하지 못한다. 다만, 양 채권·채무가 동일한 재산에 속하지 아니함에 대하여 제3자가 선의이며 과실이 없을 때에는 그러하지 아니하다.
② 신탁재산에 속하는 채무에 대한 책임이 신탁재산만으로 한정되는 경우에는 신탁재산에 속하지 아니하는 채권과 신탁재산에 속하는 채무는 상계하지 못한다. 다만, 양 채권·채무가 동일한 재산에 속하지 아니함에 대하여 제3자가 선의이며 과실이 없을 때에는 그러하지 아니하다.

제26조(신탁재산에 대한 혼동의 특칙) 다음 각 호의 경우 혼동(混同)으로 인하여 권리가 소멸하지 아니한다.
1. 동일한 물건에 대한 소유권과 그 밖의 물권이 각각 신탁재산과 고유재산 또는 서로 다른 신탁재산에 귀속하는 경우
2. 소유권 외의 물권과 이를 목적으로 하는 권리가 각각 신탁재산과 고유재산 또는 서로 다른 신탁재산에 귀속하는 경우
3. 신탁재산에 대한 채무가 수탁자에게 귀속하거나 수탁자에 대한 채권이 신탁재산에 귀속하는 경우

앞과 같은 신탁의 특성을 간략히 요약해 보면 다음과 같다.

- 신탁재산의 강제집행 금지 ⇒ 신탁재산 자체가 부담하는 채무 이외의 다른 채무를 이유로 강제집행 불가
- 신탁재산의 독립성 ⇒ 신탁재산은 수탁자의 고유재산과는 별개의 독립된 재산이므로 수탁자 파산 시에도 신탁재산은 수탁자의 파산재단 등을 구성하지 않음

- **신탁재산의 상계 금지** ⇒ 신탁재산에 속하는 채권과 신탁재산에 속하지 않는 채무와의 상계 불가
- **신탁재산의 불혼동** ⇒ 신탁재산은 외견상 동일한 수탁자에게 귀속하더라도 실질적으로 동일인이라 할 수 없으므로 혼동의 예외에 해당

이러한 신탁의 법적 특성을 활용하여 신탁은 주로 다음과 같은 목적을 달성하기 위해 활용된다.

- 위탁자의 다른 사업과 독립적으로 사업을 정산하고자 하는 경우
- 위탁자의 기존 채무와 독립적으로 사업을 정산하고자 하는 경우
- 수탁자 또는 위탁자의 신용파산 등으로부터 신용을 절연하고자 하는 경우
- 수탁자의 전문성 또는 기관투자자의 지위를 활용하고자 하는 경우

구체적으로 신탁을 활용하는 사례를 언급하면 다음과 같다.

- 시장의 기회를 포착하는 능력이 뛰어난 운용사가 투자자의 자금을 모아 운용할 수 있도록 하여 투자자의 재테크 수단으로서 활용하고자 하는 경우(→ 투자신탁)
- 사외에 퇴직금을 적립하여 운용함으로써 회사의 도산으로부터 퇴직적립금을 안전하게 보관하고 동시에 운용수익까지 누릴 수 있도록 하는 경우(→ 퇴직연금신탁)
- 피상속인의 생전에는 신탁재산을 본인에게 지급하고 사후에는 피상속인이 미리 지정하는 자에게 상속재산을 지급하도록 하는 경우(→ 유언대용신탁)

- 주택정비사업 추진 시 토지 등 소유자들이 자신의 토지를 부동산신탁사에 신탁하여 신탁사로 하여금 사업시행자의 역할을 담당하도록 하여 조합의 역할을 보완하려고 하는 경우(→ 토지(개발)신탁)
- 차주의 신용은 낮지만 차주의 특정 보유자산의 담보력이 높은 경우 해당 보유자산을 신탁한 후 대주를 수익권자로 지정하여 담보권을 확보한 후 대출하는 경우(→ 부동산담보신탁)
- 부동산 소유자가 임대차 관리 또는 처분이 어려울 때 전문성이 있는 신탁회사에 맡겨 효율적으로 임대차 관리 또는 처분을 하고자 하는 경우(→ 부동산관리 또는 처분신탁)
- 기업이 사채를 발행하면서 사채권자들을 위해 신탁을 통해 사채의 담보물을 제공하는 경우(→ 담보부사채신탁)
- 재무상태표 대변의 자기자본 또는 부채가 아니라, 차변의 자산에서 자금을 조달하고자 자산을 신탁 후 이를 기초로 자산유동화증권을 발행하는 경우(→ 금전채권신탁, 증권신탁)
- 주택 선분양 시 부동산의 소유권 및 분양자금을 안전하게 관리하고자 하는 경우(→ 부동산 관리, 처분 신탁 또는 대리사무)
- 액면가액이 높아 접근이 어려운 운용자산, 외환시장 등 진입장벽이 있는 경우 등 기관투자자의 지위를 활용하여 자금을 운용하고자 하는 경우(→ 특정금전신탁)

결론적으로 신탁의 활용 목적을 정리하면, 금융기관 등 사업주체가 기존의 사업과는 별개로 수입과 지출을 독립적으로 정산하기 위한 사업을 수행하기 위해 별도의 당사자 능력을 가질 수 있는 법적실체를 만들 필요가 있을 경우에 주로 '신탁'을 활용한다고 해석할 수 있다.

즉, 기존의 복잡한 채권, 채무 관계와는 절연된 별도의 법적실체를 가지게 함으로써 오롯이 새로운 사업의 수입과 지출로만 사업을 정산할 수 있는 기구(Vehicle)를 만들어, 이를 통해 기존의 주주, 채권자, 수익자 등 이해관계인과는 별개로 새로운 투자자와 새로운 사업만을 위한 법적실체를 설립(설정)하여 그 새로운 사업의 손익을 새로운 투자자에게 전적으로 귀속하게 함으로써, 언제 어떻게 발생할지 모르는 각종 우발채무 등 불필요한 리스크를 사전에 미리 차단하고자 할 때 신탁을 이용한다.

2. '신탁업'의 기본 개념

앞서 일반적인 사인(私人) 간의 신탁관계를 규정하는 '신탁법'을 통해 신탁의 기본 개념에 대해 살펴보았다. 이번에는 신탁을 계속적이고 반복적인 업(業)으로 영위하는 신탁업자에 관한 신탁관계를 규정하는 '자본시장과 금융투자업에 관한 법률(제4관 신탁업자의 영업행위 규칙)'과 연관 규정을 통해 금융투자업의 한 분야로서의 '신탁업'을 이해해 보고자 한다.

(1) 수탁재산

자본시장법은 신탁업자가 수탁할 수 있는 재산의 종류에 대해 열거주의를 취하여 금전, 증권, 금전채권, 동산, 부동산, 기타 부동산 관련 권리, 무체재산권으로 한정하고 있으며, 그 외 둘 이상의 재산을 종합하여 수탁할 수 있는 종합재산신탁을 규정하고 있다.

자본시장과 금융투자업에 관한 법률

제4관 신탁업자의 영업행위 규칙
제103조(신탁재산의 제한 등) ① 신탁업자는 다음 각 호의 재산 외의 재산을 수탁할 수 없다.
  1. 금전
  2. 증권
  3. 금전채권
  4. 동산
  5. 부동산
  6. 지상권, 전세권, 부동산임차권, 부동산소유권 이전등기청구권, 그 밖의 부동산 관련 권리
  7. 무체재산권(지식재산권을 포함한다)
② 신탁업자는 하나의 신탁계약에 의하여 위탁자로부터 제1항 각 호의 재산 중 둘 이상의 재산을 종합하여 수탁할 수 있다.

자본시장법은 신탁업무의 범위를 수탁재산에 따라 구분하는데 위 조항에서 보는 바와 같이 '금전'을 수탁하면 '금전신탁'이라고 하고, 그 외의 재산을 수탁하면 '재산신탁'이라고 분류한다. 재산신탁은 다시 그 종류에 따라 '증권신탁', '금전채권신탁', '부동산신탁' 등으로 나뉜다.

'금전신탁'은 다시 다음과 같이 자본시장법 시행령의 규정에 따라 다시 '특정금전신탁'과 '불특정금전신탁'으로 나뉜다.

> **자본시장과 금융투자업에 관한 법률 시행령**
>
> 제4관 신탁업자의 영업행위 규칙
> 제103조(신탁의 종류) 법 제103조 제3항에 따라 금전신탁은 다음 각 호와 같이 구분한다.
> 1. 위탁자가 신탁재산인 금전의 운용방법을 지정하는 금전신탁(이하 "특정금전신탁"이라 한다)
> 2. 위탁자가 신탁재산인 금전의 운용방법을 지정하지 아니하는 금전신탁(이하 "불특정금전신탁"이라 한다)

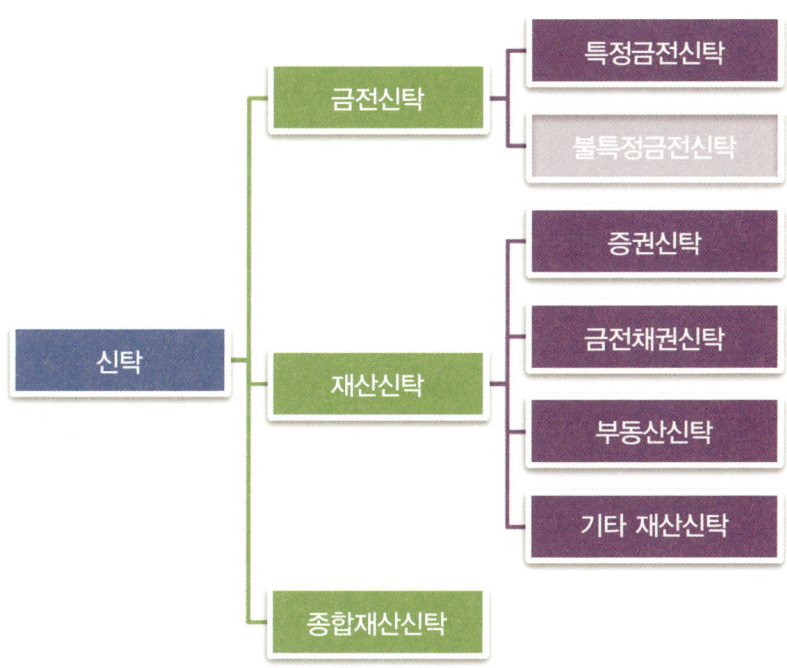

'불특정금전신탁'이라는 것은 말 그대로 위탁자가 금전(돈)을 맡기면서 금전의 운용방법을 지정하지 않는 것이므로 이는 '투자신탁(펀드)'과 동일한 기능을 하는 간접투자기구라 할 수 있다. 따라서 2003년 현 '자본시장법'의 전신이라고 할 수 있는 '간접투자자산운용업법'을 새롭게 제정하면서 투자신탁 등과 중복으로 규정되는 것을 막기 위해 '불특정금전신탁'에 대해 2004년부터 신규 수탁을 중단하였고, 따라서 현재 금전신탁은 '특정금전신탁'을 일컫는다고 보면 된다. 금전신탁에 대해서는 뒤에서 자세히 언급하기로 한다.

재산신탁의 종류 및 특징

앞서 위탁자(주로 금융기관)가 기존의 사업과는 별개로 수입과 지출을 독립적으로 정산하기 위한 사업을 수행하기 위해 별도의 당사자 능력을 가질 수 있는 법적실체를 만들 필요가 있는 경우 신탁을 활용한다고 언급했다. 이러한 신탁의 장점을 가장 잘 활용할 수 있는 분야가 '재산신탁'이라고 할 수 있다. 재산신탁은 금전 이외의 재산을 신탁하는 경우로서 대표적으로 '증권신탁', '금전채권신탁' 그리고 '부동산신탁'이 있다.

'증권신탁'은 과거에 '유가증권신탁'으로 불렸으나 자본시장법에서 '유가증권'이라는 말이 사라지고 채무증권, 지분증권, 수익증권, 파생결합증권 등 '증권'의 개념으로 재정의되면서 그 명칭이 달라지게 되었다.

'금전채권신탁'에서 금전채권(金錢債權)은 보통 '주식, 채권'이라고 말할 때 일컫는 채권(債券)과는 다른 의미로서, 채권(債券)처럼 '빚을 받을 수 있는 권리를 표창하는 증권(證券)'이 아니라 '미래에 금전을 받을 수 있는 권리(權利)'라는 뜻이다. 금전채권의 대표적인 사례는 대출을 해준 후 향후에 원리금을 받을 수 있는 권리인 '대출채권', 기업이 매출을 한 후 향후에 대금을 받을 수 있는 권리인 '매출채권',[9] 신용카드 사용에 따라 결제대금을 받을 수 있는 권리인 '카드대금채권', 각종 계약에 따라 대금을 돌려받을 수 있는 권리인 '(각종)대금반환채권' 등이 있다.

'증권신탁'과 '금전채권신탁'은 그 자체로서 투자의 목적이 되는 것이라기보다는, 주로 자산의 유동화를 위한 수단으로 사용되는 것이 일반적이다. 즉, 미래에 현금흐름의 유입이 기대되는 자산을 신탁업자에게 신탁한 후, 이를 기초로 하여 새로운 증권을 현재의 정당한 할인율로 할인하여 발행함으로써, 결과적으로 미래의 현금흐름을 현재의 현금흐름으로 끌어오는 작업(→ 자산유동화)을 할 때 유용하게 활용되는 수단이다.

'부동산신탁'은 '확실한 신용절연(수탁자에 부동산 소유권을 넘기므로)'과 '우수한 담보력'을 확보할 수 있고, 또한 부동산의 '낮은 유동성'이라는 단점까지 극복할 수 있다는 측면에서 재산신탁의 장점을 가장 잘 활용할 수 있는 분야라고 할 수 있다. 이러한 신탁의 장점을 활용하여 부동산신탁은 그 목적에 따라 ① 관리신탁, ② 처분신탁,

---

[9] 매출채권은 현재 매출이 확정된 현존매출채권(또는 확정매출채권)뿐만 아니라, 현재 시점에서 확정되지는 않았지만 미래에 발생하게 될 매출채권인 '장래매출채권'도 금전채권의 범주에 포함하고 있다.

③ 담보신탁, ④ 토지신탁(개발신탁) 등 크게 4가지로 나뉜다. 신탁이 이러한 업무를 수행할 수 있는 근거는, 신탁한 부동산은 법적으로 이미 수탁자(부동산을 맡은 자, 신탁사)의 재산이므로 위탁자(부동산을 맡기는 자)의 파산이나 다른 사업으로부터 신용을 절연시켜 해당 부동산의 가치에 의해서만 독립적으로 사업을 수행할 수 있게 하기 때문이다. 즉, 부동산을 신탁사에 맡겨서 ① 복잡한 부동산 관리를 잘하기 위한 목적이거나(소유권 관리 포함), ② 수탁사의 전문성을 활용하여 높은 가격에 잘 처분하기 위한 목적이거나, ③ 금융기관이 돈을 빌려줄 때 부동산으로 담보를 확실하게 잡기 위한 목적이거나, ④ 토지를 개발하고 분양해서 높은 수익을 얻기 위한 목적을, 위탁자의 파산이나 다른 사업의 성패와 관계없이 달성하게 하는 유용한 수단인 것이다.

금전신탁과 재산신탁의 특징을 간략하게 요약해 보면 다음과 같다.

구분	금전신탁	재산신탁
수탁재산	금전	금전 이외의 재산
신탁의 주요기능	재산증식기능	재산관리기능 (유동화 목적)
신탁재산의 운용방식	단독운용	단독운용
신탁재산의 교부원칙	현금교부원칙 (현물교부 가능)	운용현상대로 교부원칙
수익권의 증서화	수익(증)권 발행	수익(증)권 발행

(2) 운용자산

앞서 신탁업자가 수탁할 수 있는 재산의 종류를 언급하였는데 그중에서 '금전'을 수탁한 경우 또는 금전 이외의 재산을 수탁하여 해당 재산으로부터 현금흐름(금전)이 발생한 경우, 이를 어떤 형태로든 '운용'하여야 할 것인바, 자본시장법에서는 다음과 같이 금전의 운용에 관하여 상세히 열거하고 있다. 일반적으로 주식, 채권, 펀드, ELS, 예금, RP 등 금융시장에서 발행, 유통되는 대부분의 운용자산을 편입할 수 있다고 열거하고 있다.

자본시장과 금융투자업에 관한 법률

제4관 신탁업자의 영업행위 규칙
제105조(신탁재산 등 운용의 제한) ① 신탁업자는 신탁재산에 속하는 금전을 다음 각 호의 방법으로 운용하여야 한다.
  1. 증권(대통령령으로 정하는 증권에 한한다)의 매수
  2. 장내파생상품 또는 장외파생상품의 매수
  3. 대통령령으로 정하는 금융기관에의 예치
  4. 금전채권의 매수
  5. 대출
  6. 어음의 매수
  7. 실물자산의 매수
  8. 무체재산권의 매수
  9. 부동산의 매수 또는 개발
  10. 그 밖에 신탁재산의 안전성·수익성 등을 고려하여 **대통령령으로 정하는 방법**

자본시장과 금융투자업에 관한 법률 시행령

제106조(신탁재산의 운용방법 등) ① 법 제105조 제1항 제1호에서 "대통령령으로 정하는 증권"이란 다음 각 호의 어느 하나에 해당하는 증권을 말한다.

1. 채무증권
2. 지분증권
3. 수익증권
4. 삭제 〈2013.8.27〉[10]
5. 파생결합증권
6. 증권예탁증권

② 법 제105조 제1항 제3호에서 "대통령령으로 정하는 금융기관"이란 다음 각 호의 어느 하나에 해당하는 금융기관을 말한다.

1. 은행
2. 「한국산업은행법」에 따른 한국산업은행
3. 「중소기업은행법」에 따른 중소기업은행
4. 증권금융회사
5. 종합금융회사
6. 「상호저축은행법」에 따른 상호저축은행
7. 「농업협동조합법」에 따른 농업협동조합
8. 「수산업협동조합법」에 따른 수산업협동조합
9. 「신용협동조합법」에 따른 신용협동조합

9의2. 「산림조합법」에 따른 산림조합

10. 「우체국 예금·보험에 관한 법률」에 따른 체신관서

10의2. 「새마을금고법」에 따른 새마을금고

11. 제1호부터 제10호까지 및 제10호의2의 기관에 준하는 외국 금융기관

---

10 제4호에서 언급했던 '투자계약증권'은 삭제되어 증권으로서의 투자계약증권은 신탁에서 매수할 수 없게 되었다.

③ 법 제105조 제1항 제10호에서 "대통령령으로 정하는 방법"이란 다음 각 호의 어느 하나에 해당하는 방법을 말한다.
  1. 원화로 표시된 양도성 예금증서의 매수
  2. 지상권, 전세권, 부동산임차권, 부동산소유권 이전등기청구권, 그 밖의 부동산 관련 권리에의 운용
  3. 환매조건부매수
  4. 증권의 대여 또는 차입
  5. 「근로자퇴직급여 보장법」 제29조 제2항에 따른 신탁계약으로 퇴직연금 적립금을 운용하는 경우에는 같은 법 시행령 제26조 제1항 제1호 나목에 따른 보험계약의 보험금 지급청구권에의 운용
  6. 그 밖에 신탁재산의 안정성·수익성 등을 고려하여 금융위원회가 정하여 고시하는 방법

'금융투자상품'과 '증권'의 정의 및 분류

위 내용을 이해하기 위해서 '금융투자상품'과 '증권'에 대한 용어 정의를 먼저 짚어보자.

자본시장과 금융투자업에 관한 법률

제3조(금융투자상품) ① 이 법에서 "금융투자상품"이란 이익을 얻거나 손실을 회피할 목적으로 현재 또는 장래의 특정(特定) 시점에 금전, 그 밖의 재산적 가치가 있는 것(이하 "금전등"이라 한다)을 지급하기로 약정함으로써 취득하는 권리로서, 그 권리를 취득하기 위하여 지급하였거나 지급하여야 할 금전등의 총액(판매수수료 등 대통령령으로 정하는 금액을 제외한다)이 그 권리로부터 회수하였거나 회수할 수 있는 금전등의 총액(해지수수료 등 대통령령으로 정하는 금액을 포함한다)을 초과하게 될 위험(이하 "투자성"이라 한다)이 있는 것을 말한다. (중략)

② 제1항의 금융투자상품은 다음 각 호와 같이 구분한다.
  1. 증권
  2. 파생상품
     가. 장내파생상품
     나. 장외파생상품

제4조(증권) ① 이 법에서 "증권"이란 내국인 또는 외국인이 발행한 금융투자상품으로서 투자자가 취득과 동시에 지급한 금전등 외에 어떠한 명목으로든지 추가로 지급의무(투자자가 기초자산에 대한 매매를 성립시킬 수 있는 권리를 행사하게 됨으로써 부담하게 되는 지급의무를 제외한다)를 부담하지 아니하는 것을 말한다. (중략)
② 제1항의 증권은 다음 각 호와 같이 구분한다.
  1. 채무증권
  2. 지분증권
  3. 수익증권
  4. 투자계약증권
  5. 파생결합증권
  6. 증권예탁증권

용어가 굉장히 난해하게 느껴질 수 있지만 위의 내용을 간단히 말하면 '금융투자상품'은 '원본의 손실가능성, 즉 투자성이 있는 금융상품'이라고 요약할 수 있고, 그 종류로는 '증권'과 '파생상품'이 있으며, 그중에 '증권'은 '취득 시 지급한 원본에 더하여 추가적인 지급의무가 없는 금융투자상품'이라고 요약할 수 있을 것이다. 이를 그림으로 나타내면 다음과 같다.

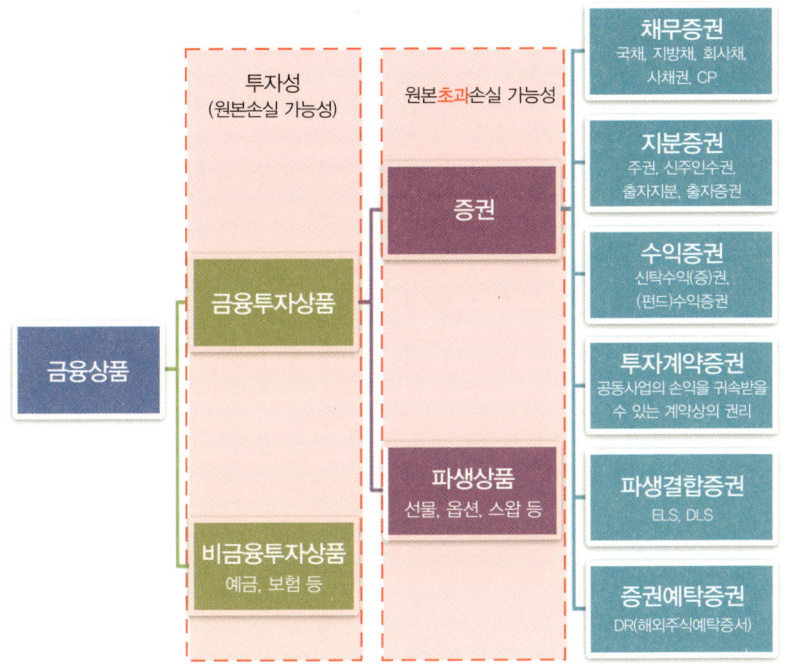

금융상품은 투자성을 기준으로, 투자성이 있는 '금융투자상품'과 그 외에 투자성이 없(다고 보)는 '비금융투자상품'으로 나뉘고, 다시 '금융투자상품'은 원본초과손실 가능성을 기준으로, 원본초과손실 가능성이 없는 '증권'과 원본초과손실 가능성이 있는 '파생상품'으로 나뉜다.

다시 본론으로 돌아와서, 신탁재산 중 '금전'으로 매수할 수 있는 가장 대표적인 운용자산으로는 '증권'을 꼽을 수 있다. '증권' 중에서도 앞서 자본시장법 시행령에서 언급한 바와 같이 채무증권, 지분증권, 수익증권, 파생결합증권, 증권예탁증권 등 5가지 증권을 매수할 수 있다.

신탁재산으로 매수 가능한 '증권'에 대해 그 종류별로 몇 가지 유의할 사항을 살펴보자.

자본시장과 금융투자업에 관한 법률

제4조(증권)
③ 이 법에서 "**채무증권**"이란 국채증권, 지방채증권, 특수채증권(법률에 의하여 직접 설립된 법인이 발행한 채권을 말한다. 이하 같다), **사채권**(「**상법**」 **제469조 제2항 제3호**에 따른 사채의 경우에는 **제7항 제1호**에 해당하는 것으로 한정한다. 이하 같다), **기업어음증권**(기업이 사업에 필요한 자금을 조달하기 위하여 발행한 약속어음으로서 대통령령으로 정하는 요건을 갖춘 것을 말한다. 이하 같다), 그 밖에 이와 유사(類似)한 것으로서 지급청구권이 표시된 것을 말한다.

상법

제469조(사채의 발행) ① 회사는 이사회의 결의에 의하여 사채(社債)를 발행할 수 있다.
② 제1항의 사채에는 다음 각 호의 사채를 포함한다.
  1. 이익배당에 참가할 수 있는 사채
  2. 주식이나 그 밖의 다른 유가증권으로 교환 또는 상환할 수 있는 사채
  3. 유가증권이나 통화 또는 그 밖에 대통령령으로 정하는 자산이나 지표 등의 변동과 연계하여 미리 정하여진 방법에 따라 상환 또는 지급금액이 결정되는 사채

자본시장과 금융투자업에 관한 법률

제4조(증권)
⑦ 이 법에서 "**파생결합증권**"이란 기초자산의 가격·이자율·지표·단위 또는 이를 기초로 하는 지수 등의 변동과 연계하여 미리 정하여진 방법에 따라 지급하거나 회수하는 금전 등이 결정되는 권리가 표시된 것을 말한

다. 다만, 다음 각 호의 어느 하나에 해당하는 것은 제외한다
   1. 발행과 동시에 투자자가 지급한 금전 등에 대한 이자, 그 밖의 과실(果實)에 대하여만 해당 기초자산의 가격·이자율·지표·단위 또는 이를 기초로 하는 지수 등의 변동과 연계된 증권

먼저 '채무증권'에서는 국채증권, 지방채증권, 특수채증권, 사채권, 기업어음증권 등을 열거하고 있다.

특이할 점은 사채권 중 상법 제469조 제2항 제3호에 따른 사채 즉, 파생결합증권과 유사한 사채의 경우에는 '이자, 그 밖의 과실에 대하여만' 변동이 있는 사채권만을 채무증권으로 본다는 것이다. 즉, 파생결합증권(ELS, DLS) 중 원본손실은 없이 기초자산의 변동에 따라 이자수익(쿠폰)만 변동하는 것을 '사채권'으로 보아 채무증권으로 분류한다는 의미이다. 이를 '파생결합사채'(ELB DLB)로 분류하여 '파생결합증권'과는 별도로 구분하고 있다.

또한 기업어음증권(CP, Commercial Paper)을 매수하는 경우 앞서 인용한 자본시장법 제105조 제1항 제6호의 '어음(의 매수)'에 해당하는 것이 아니라 '채무증권'에 속하는 기업어음증권을 매수하는 것임을 유의할 필요가 있다.

자본시장과 금융투자업에 관한 법률

제4조(증권)
④ 이 법에서 "**지분증권**"이란 주권, 신주인수권이 표시된 것, 법률에 의

하여 직접 설립된 법인이 발행한 출자증권, 「상법」에 따른 합자회사・유한책임회사・유한회사・합자조합・익명조합의 출자지분, 그 밖에 이와 유사한 것으로서 출자지분 또는 출자지분을 취득할 권리가 표시된 것을 말한다.

'지분증권'은 주권, 신주인수권, 출자증권, 출자지분 등을 말한다.

자본시장과 금융투자업에 관한 법률

제4조(증권)
⑤ 이 법에서 "수익증권"이란 제110조의 수익증권, 제189조의 수익증권, 그 밖에 이와 유사한 것으로서 신탁의 수익권이 표시된 것을 말한다.

제110조(수익증권) ① 신탁업자는 금전신탁계약에 의한 수익권이 표시된 수익증권을 발행할 수 있다. (중략)

제189조(투자신탁의 수익권 등) ① 투자신탁을 설정한 집합투자업자는 투자신탁의 수익권을 균등하게 분할하여 수익증권을 발행한다. (중략)

'수익증권'은 신탁업자가 발행한 수익증권, 집합투자업자가 발행한 수익증권, 그 외 신탁의 수익권 등을 말한다.

자본시장과 금융투자업에 관한 법률

제4조(증권)
⑦ 이 법에서 "파생결합증권"이란 기초자산의 가격・이자율・지표・단

위 또는 이를 기초로 하는 지수 등의 변동과 연계하여 미리 정하여진 방법에 따라 지급하거나 회수하는 금전 등이 결정되는 권리가 표시된 것을 말한다. 다만, 다음 각 호의 어느 하나에 해당하는 것은 제외한다.
1. 발행과 동시에 투자자가 지급한 금전 등에 대한 이자, 그 밖의 과실(果實)에 대하여만 해당 기초자산의 가격·이자율·지표·단위 또는 이를 기초로 하는 지수 등의 변동과 연계된 증권
2. **제5조 제1항 제2호에 따른 계약상의 권리**(제5조 제1항 각 호 외의 부분 단서에서 정하는 금융투자상품은 제외한다)
3. 해당 사채의 발행 당시 객관적이고 합리적인 기준에 따라 미리 정하는 사유가 발생하는 경우 주식으로 전환되거나 그 사채의 상환과 이자지급 의무가 감면된다는 조건이 붙은 것으로서 제165조의11 제1항에 따라 주권상장법인이 발행하는 사채
3의2. 「은행법」 제33조 제1항 제2호부터 제4호까지의 규정에 따른 상각형 조건부자본증권, 은행주식 전환형 조건부자본증권 및 은행지주회사주식 전환형 조건부자본증권
3의3. 「금융지주회사법」 제15조의2 제1항 제2호 또는 제3호에 따른 상각형 조건부자본증권 또는 전환형 조건부자본증권
3의4. 「보험업법」 제114조의2 제1항 제1호에서 제3호까지의 규정에 따른 상각형 조건부자본증권, 보험회사주식 전환형 조건부자본증권 및 금융지주회사주식 전환형 조건부자본증권
4. 「상법」 제469조 제2항 제2호, 제513조 및 제516조의2에 따른 사채
5. 그 밖에 제1호부터 제3호까지, 제3호의2, 제3호의3 및 제4호에 따른 금융투자상품과 유사한 것으로서 대통령령으로 정하는 금융투자상품

제5조(파생상품) ① 이 법에서 "**파생상품**"이란 다음 각 호의 어느 하나에 해당하는 계약상의 권리를 말한다. 다만, 해당 금융투자상품의 유통 가능성, 계약당사자, 발행사유 등을 고려하여 증권으로 규제하는 것이 타당한 것으로서 대통령령으로 정하는 금융투자상품은 그러하지 아니하다.
1. 기초자산이나 기초자산의 가격·이자율·지표·단위 또는 이를 기초로 하는 지수 등에 의하여 산출된 금전등을 장래의 특정 시점

에 인도할 것을 약정하는 계약 [→ 선도]
  2. 당사자 어느 한쪽의 의사표시에 의하여 기초자산이나 기초자산의 가격·이자율·지표·단위 또는 이를 기초로 하는 지수 등에 의하여 산출된 금전등을 수수하는 거래를 성립시킬 수 있는 권리를 부여하는 것을 약정하는 계약 [→ 옵션]
  3. 장래의 일정기간 동안 미리 정한 가격으로 기초자산이나 기초자산의 가격·이자율·지표·단위 또는 이를 기초로 하는 지수 등에 의하여 산출된 금전등을 교환할 것을 약정하는 계약 [→ 스왑]
  4. 제1호부터 제3호까지의 규정에 따른 계약과 유사한 것으로서 대통령령으로 정하는 계약

'파생결합증권'은 기초자산의 변동에 따라 손익이 결정되는 권리가 표시된 증권을 말한다. 다만, 위의 자본시장법 제4조 제7항 제1~5호에 따른 증권은 파생결합증권의 범주에서 제외한다. 법 조항이라 원칙적 입장에서 용어를 정의함으로 인해 이해하기가 무척 어렵게 느껴질 수 있지만, 이를 좀 더 알기 쉽게 풀어보면,

제4조 제7항 1호의 규정은 '파생결합사채'를 말하는 것으로서, 앞서 설명한 대로 원본손실은 없이 기초자산의 변동에 따라 이자수익(쿠폰)만 변동하므로 이를 '사채권'으로 보아 채무증권으로 분류하기 때문에 파생결합증권의 범주에서 제외하였다.

제4조 제7항 2호의 규정은 파생상품 중 '옵션'을 정의하는 것으로서, 이는 옵션의 특성상 옵션 투자로 손실이 발생해도 옵션을 행사하지 않으면 그만이므로 투자원본 이상의 손실이 없고 '원본손실가능성'만 있으므로 '증권'으로 해석될 여지가 있으나, 이를 법률상

'파생상품'으로 분류하였으므로 파생결합증권에서는 제외하였다.

제4조 제7항 3호~3의4호의 규정은 '조건부자본증권'을 말하는 것으로서, 미리 정하여진 조건에 의해 사채의 상환과 이자지급액이 달라진다는 조건이 붙은 점에서 파생결합증권과 유사하다고 해석할 여지가 있지만, 자본시장법에서 '조건부자본증권'으로 명확하게 분류하여 파생결합증권의 범주에서는 제외하였다.

제4조 제7항 4호의 규정은 각각 '교환사채', '전환사채', '신주인수권부사채'를 말하는 것으로서, 각각의 사채가 특정한 조건이 붙어 있다는 점에서 보면 일반사채와는 다르지만 파생결합증권과의 명확한 구분을 위해 파생결합증권의 범주에서 제외하고 있다.

'금융투자업'의 구분 및 정의

그리고 자본시장법은 금융투자업을 다음의 조항과 같이 6가지로 구분하고 있는데 각각의 정의를 법률 조항으로 확인해 보자. 이 또한 용어가 난해하고 문장이 만연체라 이해하기 어렵지만 그래도 자꾸 보다 보면 어느새 익숙해져 행간의 의미를 파악하게 될 것이다.

자본시장과 금융투자업에 관한 법률

제6조(금융투자업) ① 이 법에서 "금융투자업"이란 이익을 얻을 목적으로 계속적이거나 반복적인 방법으로 행하는 행위로서 다음 각 호의 어느 하나에 해당하는 업(業)을 말한다.
  1. 투자매매업
  2. 투자중개업

3. 집합투자업
　　4. 투자자문업
　　5. 투자일임업
　　6. 신탁업
② 이 법에서 "투자매매업"이란 누구의 명의로 하든지 자기의 계산으로 금융투자상품의 매도·매수, 증권의 발행·인수 또는 그 청약의 권유, 청약, 청약의 승낙을 영업으로 하는 것을 말한다.
③ 이 법에서 "투자중개업"이란 누구의 명의로 하든지 타인의 계산으로 금융투자상품의 매도·매수, 그 중개나 청약의 권유, 청약, 청약의 승낙 또는 증권의 발행·인수에 대한 청약의 권유, 청약, 청약의 승낙을 영업으로 하는 것을 말한다.
④ 이 법에서 "집합투자업"이란 집합투자를 영업으로 하는 것을 말한다.
⑤ 제4항에서 "집합투자"란 2인 이상의 투자자로부터 모은 금전등을 투자자로부터 일상적인 운용지시를 받지 아니하면서 재산적 가치가 있는 투자대상자산을 취득·처분, 그 밖의 방법으로 운용하고 그 결과를 투자자에게 배분하여 귀속시키는 것을 말한다. 다만, 다음 각 호의 어느 하나에 해당하는 경우를 제외한다.
　　1. 대통령령으로 정하는 법률에 따라 사모(私募)의 방법으로 금전등을 모아 운용·배분하는 것으로서 대통령령으로 정하는 투자자의 총수가 대통령령으로 정하는 수 이하인 경우
　　2. 「자산유동화에 관한 법률」 제3조의 자산유동화계획에 따라 금전등을 모아 운용·배분하는 경우
　　3. 그 밖에 행위의 성격 및 투자자 보호의 필요성 등을 고려하여 대통령령으로 정하는 경우 (중략)
⑦ 이 법에서 "투자자문업"이란 금융투자상품, 그 밖에 대통령령으로 정하는 투자대상자산(이하 "금융투자상품등"이라 한다)의 가치 또는 금융투자상품등에 대한 투자판단(종류, 종목, 취득·처분, 취득·처분의 방법·수량·가격 및 시기 등에 대한 판단을 말한다. 이하 같다)에 관한 자문에 응하는 것을 영업으로 하는 것을 말한다.
⑧ 이 법에서 "투자일임업"이란 투자자로부터 금융투자상품등에 대한

투자판단의 전부 또는 일부를 일임받아 투자자별로 구분하여 그 투자자의 재산상태나 투자목적 등을 고려하여 금융투자상품등을 취득·처분, 그 밖의 방법으로 운용하는 것을 영업으로 하는 것을 말한다.
⑨ 이 법에서 "신탁업"이란 신탁을 영업으로 하는 것을 말한다.

금융투자업은 위의 자본시장법 제6조 제1항과 같이 6가지로 구분할 수 있다. '투자매매업'은 증권사가 자기자본으로 시장에서 직접 거래하는 형태로서, 일반적인 투자자가 개입할 여지는 없다. 일반적인 투자자가 접할 수 있는 투자수단으로서의 금융투자업은 ① 위탁계좌(투자중개), ② 투자자문, ③ 투자일임(랩), ④ 신탁, ⑤ 집합투자(투자신탁) 이렇게 5가지로 볼 수 있다.

각각의 투자수단별로 그 개념을 요약해서 정리해 보면 다음과 같다.

① **위탁계좌**(투자중개) : 투자자가 투자중개업자(증권사)에 투자자 명의의 계좌를 개설하여 직접 투자하는 방법

② **투자자문** : 투자자가 투자자문업자의 자문을 받아 투자자의 계좌로 투자자가 직접 투자하는 방법

③ **투자일임**(랩) : 투자일임업자가 투자자로부터 투자판단을 일임받아 투자자의 계좌로 투자일임업자가 운용하는 방법

④ **신탁** : 신탁업자가 위탁자로부터 자금을 받아 수익자의 이익을 위하여 수탁자(신탁업자)의 계좌로 수탁자가 운용하는 방법

⑤ **집합투자**(투자신탁) : 집합투자업자(자산운용사)가 수익증권을 발행하여 모은 금전을 신탁하여(주로 은행에 신탁) 집합투자업자가 운용하는 방법

원래 자본시장법상으로는 금융투자업을 나열하는 순서가 다르지만 필자가 생각하는 기준에 따라 구분하여 순서를 바꿔 정리해 보았다.

위의 투자수단별로 구분하는 가장 중요한 기준을 살펴보면,

① **운용권한을 누가 보유하고 있는지** : 일반적으로 뒤쪽(집합투자)으로 갈수록 운용권한이 투자자에게서 멀어진다.[11]

② **재산을 누구의 명의로 보관하고 있는지** : 앞 3개(위탁, 투자자문, 투자일임)의 경우 재산을 투자중개업자로서의 증권사가 투자자의 명의로 보유하고, 나머지는 신탁업자가 보유한다.

③ **단독운용을 하는지 아니면 합동운용을 하는지** : 집합투자업만 합동운용을 하고 나머지는 단독운용을 한다.

④ **세금을 계산할 때 비용 등을 차감하고 계산하는지** : 신탁과 집합투자업(투자신탁)은 운용보수 등 비용을 차감한 금액을 과세표준으로 하여 세액을 계산하므로, 투자자 명의의 계좌로 보관하는 경우보다 보수금액의 세율만큼 원천징수세액이 줄어든다.

각각의 투자수단별로 특징 및 차이점을 정리해 보면 다음과 같다.

---

[11] 다만, 투자일임, 신탁, 집합투자의 계좌도 투자자가 운용지시 등을 통해 운용자산을 실질적으로 지배하는 경우 투자자(또는 위탁자)가 운용권한을 보유하고 있다고 볼 수 있다.

구분	① 위탁계좌	② 투자자문	③ 투자일임	④ 신탁	⑤ 집합투자
법적근거	자본시장법 (투자중개업)	자본시장법 (투자자문업)	자본시장법 (투자일임업)	자본시장법 (신탁업)	자본시장법 (집합투자업)
수익자	별도지정 불가	별도지정 불가	별도지정 불가	별도지정 가능 (타익신탁)	별도지정 불가
운용방식	단독운용	단독운용	단독운용	단독운용	합동운용
운용권한	투자자	투자자 (자문업자 자문)	투자일임업자	수탁자	위탁자 (자산운용사)
수탁가능 재산	금전	금전	금전	금전, 재산 등	금전
재산보관	투자자 명의 (투자중개업자)	투자자 명의 (투자중개업자)	투자자 명의 (투자중개업자)	수탁자 (신탁업자)	수탁자 (신탁업자)
보수 등 비용 및 과세포함 여부	선취수익 차감 후 자산매수, 수수료 차감 전 이익 과세	단일보수 (자문수수료), 수수료 차감 전 이익 과세	단일보수 (일임수수료), 수수료 차감 전 이익 과세	단일보수 (신탁보수), 신탁보수 차감 후 이익 과세	복합보수(운용/판매/수탁/일반사무), 보수 차감 후 이익 과세
과세방식	소득원천별 과세	소득원천별 과세	소득원천별 과세	소득원천별 과세	기준가방식 과세
과세처리	소득발생시마다 과세처리	소득발생시마다 과세처리	소득발생시마다 과세처리	소득원천별로 해지시 일괄처리 (3개월내 징수)	펀드환매 또는 결산(상환)시 과세

자본시장법상 투자자문업자와 투자일임업자는 수탁기능이 없으므로 투자자의 재산을 보관할 수 없지만, 투자중개업을 경영하는 투자일임업자의 경우 투자중개업무와 투자일임업무를 결합하여 '맞춤식 자산관리계좌(Wrap Account, 일명 랩)'를 운용할 수 있다(금융투자업규정 제4-77조 제7호)고 규정하고 있다.

쉽게 말해, 대부분의 증권사는 '투자중개업'과 '투자일임업' 인가를 전부 보유하고 있으므로, 투자자의 금전을 수탁하고 운용자산을 보관하는 업무는 '투자중개업자'로서 수행하고, 투자자의 재산을 운용하는 업무는 '투자일임업자'로서 수행함으로써 2가지 업무를 결합하여 운용할 수 있다는 뜻이다. 결과적으로 투자일임업의 계좌도 투자자 명의의 위탁계좌(투자중개업자)로 보유하는 것이므로 위탁계좌, 투자자문, 투자일임 계좌는 전부 투자중개업자에 개설한 투자자 명의의 위탁계좌를 사용하고 있는 것이라 원천징수세액 등 여러 가지 측면에서 동일하다고 볼 수 있다.

참고로, 투자수단의 종류와 관련하여 아주 적절한 비유가 금융시장에 회자되고 있어 이를 간략히 소개한다.

원하는 목적지에 가기 위해서 교통수단을 선택할 때 여러 가지 대안이 있을 수 있는데 이를 각각의 교통수단에 대한 운전자의 권한, 차량소유권, 노선결정권 등의 특징을 금융투자업에 빗대어 비교하여 설명하는 것이다.

① 본인 소유의 자가용을 직접 운전하여 정확히 목적지까지 가는 방법(→ 위탁계좌)

② 목적지까지 가는 조언을 듣고 직접 운전하여 가는 방법(→ 투자자문)

③ 대리기사를 이용하여 본인 소유의 차량으로 정확히 목적지까지 가는 방법(→ 투자일임)

④ 택시를 이용하여 정확히 목적지까지 가는 방법(→ 신탁계좌)

⑤ 노선을 내 뜻대로 바꿀 수 없는 대중교통으로 목적지 근처까지 가는 방법(→ 집합투자)

마지막으로 자본시장법의 여러 개념들을 이해하기 위해 그 밖의 몇 가지 기본적인 용어의 정의에 대해서도 법률 조항으로만 간략히 살펴보자.

자본시장과 금융투자업에 관한 법률

제9조(그 밖의 용어의 정의)
④ 이 법에서 "투자권유"란 특정 투자자를 상대로 금융투자상품의 매매 또는 투자자문계약·투자일임계약·신탁계약(관리형신탁계약 및 투자성 없는 신탁계약을 제외한다)의 체결을 권유하는 것을 말한다.
(중략)
⑦ 이 법에서 "모집"이란 대통령령으로 정하는 방법에 따라 산출한 50인 이상의 투자자에게 새로 발행되는 증권의 취득의 청약을 권유하는 것을 말한다.
⑧ 이 법에서 "사모"란 새로 발행되는 증권의 취득의 청약을 권유하는 것으로서 모집에 해당하지 아니하는 것을 말한다.
⑨ 이 법에서 "매출"이란 대통령령으로 정하는 방법에 따라 산출한 50인 이상의 투자자에게 이미 발행된 증권의 매도의 청약을 하거나 매수의 청약을 권유하는 것을 말한다.
(중략)
⑪ 이 법에서 "인수"란 제삼자에게 증권을 취득시킬 목적으로 다음 각 호의 어느 하나에 해당하는 행위를 하거나 그 행위를 전제로 발행인 또는 매출인을 위하여 증권의 모집·사모·매출을 하는 것을 말한다.
  1. 그 증권의 전부 또는 일부를 취득하거나 취득하는 것을 내용으로 하는 계약을 체결하는 것
  2. 그 증권의 전부 또는 일부에 대하여 이를 취득하는 자가 없는 때에 그 나머지를 취득하는 것을 내용으로 하는 계약을 체결하는 것
(중략)
이 법에서 '신탁'이란 「신탁법」 제2조의 신탁을 말한다.

신탁법

제2조(신탁의 정의) 이 법에서 '신탁'이란 신탁을 설정하는 자(이하 "위탁자"라 한다)와 신탁을 인수하는 자(이하 "수탁자"라 한다)간의 신임관계에 기하여 위탁자가 수탁자에게 특정의 재산(영업이나 저작재산권의 일부를 포함한다)을 이전하거나 담보권의 설정 또는 그 밖의 처분을 하고 수탁자로 하여금 일정한 자(이하 "수익자"라 한다)의 이익 또는 특정의 목적을 위하여 그 재산의 관리, 처분, 운용, 개발, 그 밖에 신탁 목적의 달성을 위하여 필요한 행위를 하게 하는 법률관계를 말한다.

3. 신탁상품의 구조 설계

(1) 신탁상품의 구조의 이해

앞서 신탁업의 '수탁재산'과 '운용자산'에 대해 알아보았다. 신탁상품의 구조를 크게 보면 신탁업자는 위탁자로부터 금전 등 재산을 받아(수탁), 자산을 매수 또는 소유권을 보관(운용, 관리)하여 이를 통해 수익을 얻는 등의 목적을 달성하고자 하는 구조를 취하고 있다고 이해할 수 있다. 이를 수탁자인 신탁업자의 입장에서 재무상태표(구 대차대조표, Balance Sheet)로 나타내면 다음과 같이 표현할 수 있을 것이다.

재무상태표(B/S)

운용자산 (차변, 자본시장법 제105조 제1항) 신탁업자는 신탁재산에 속하는 금전을 다음 각 호의 방법으로 운용하여야 한다	수탁재산 (대변, 자본시장법 제103조 제1항) 신탁업자는 다음 각 호의 재산 외의 재산을 수탁할 수 없다
1. 증권의 매수(대통령령으로 정하는 증권)	1. 금전
2. 장내파생상품 또는 장외파생상품의 매수	2. 증권
3. 대통령령으로 정하는 금융기관에의 예치	3. 금전채권
4. 금전채권의 매수	4. 동산
5. 대출	5. 부동산
6. 어음의 매수	6. 지상권, 전세권, 부동산임차권, 부동산소유권 이전등기청구권, 그 밖의 부동산 관련 권리
7. 실물자산의 매수	
8. 무체재산권의 매수	
9. 부동산의 매수 또는 개발	7. 무체재산권(지적재산권을 포함한다)
10. 그 밖에 대통령령으로 정하는 방법	

수탁자인 신탁업자의 입장에서 볼 때, 수탁재산을 대변에 받아서 이를 부채로 인식하고, 수탁재산(또는 수탁재산에서 발생한 금전 등)으로 운용자산을 매수 또는 수탁재산 자체로서 소유권을 보유함으로써 이를 차변에 자산으로 인식하는 구조이다.

대표적으로 금전을 수탁하는 경우를 예로 들면, 대변에서 금전을 '조달'하여, 차변에서 금전으로 운용자산을 매수하여 '운용'하는 구조라고도 볼 수 있다. 이는 일반적인 기업의 재무상태표와 동일한 형태로서 대변에서 자기자본 또는 부채(타인자본)로 자금을 조달하여, 차변에서 영업을 위한 자산을 보유하는 형태와 동일한 구조인 것이다. 다만, 신탁업에서는 위탁자의 재산을 수탁받는 것이므로 수탁자의 자기자본은 없고 위탁자인 고객에 대한 부채만 있다는 것이 차이점이다.

이제 자본시장법 제103조의 수탁재산, 제105조의 운용자산과 함께 시행령에서 언급하고 있는 운용방법과 실제 금융투자상품, 이익의 재원이 되는 기초자산 등을 대분류에서부터 중분류, 소분류까지 구체적으로 열거하여 다음과 같이 한눈에 보기 쉽게 확장해 보자.

재무상태표(B/S)

차변					대변
운용자산 상세분류			운용자산	수탁재산
소분류	중분류	대분류		
① 공모사채, ② 사모사채 ③ 고정금리채권, ④ 변동금리채권 ⑤ 원화채권, ⑥ 외화채권 ⑦ 일반채권, ⑧ 유동화채권	가. 채권	① 채무증권	(1) 증권의 매수	1. 금전 2. 증권 3. 금전채권 4. 동산 5. 부동산 6. 부동산 　관련 권리 7. 무체재산권
⑨ 일반STB, ⑩ 유동화STB	나. 단기사채			
⑪ 일반CP, ⑫ 유동화CP ⑬ 공모CP, ⑭ 사모CP	다. 기업어음증권			
⑮ 상장주식, ⑯ 비상장주식 ⑰ 보통주, ⑱ 상환전환우선주	라. 주식	② 지분증권		
⑲ 조합 출자지분	마. 출자지분			
⑳ 금전신탁수익권 ㉑ 재산신탁수익권	바. 신탁수익권	③ 수익증권		
㉒ MMF, ㉓ 부동산펀드 등	사. 투자신탁 수익증권			
㉔ ELS, ㉕ DLS		④ 파생결합증권		
		⑤ 증권예탁증권		
㉖ 주식선물, ㉗ 금리선물	아. 선물	⑥ 장내파생상품	(2) 파생상품의 매수	
㉘ 외화선도	자. 선도	⑦ 장외파생상품		
㉙ 주식옵션, ㉚ 금리옵션	차. 옵션			
㉛ 이자율스왑(IRS) ㉜ 통화스왑(CRS)	카. 스왑			

차변				대변
운용자산 상세분류			운용자산	수탁재산
소분류	중분류	대분류		
㉝ 외환스왑(FX Swap) ㉞ 신용파생스왑(CDS)				
㉟ 원화예금, ㊱ 외화예금 ㊲ 고정금리예금, ㊳ 변동금리예금	타. 정기예금	⑧ 예금	(3) 금융기관 예치금	
㊴ 수시입출식예금	파. MMDA/CMA			
㊵ 원화대출채권, ㊶ 외화대출채권 ㊷ 부동산PF대출채권 ㊸ 신용대출채권, ㊹ 담보대출채권	하. 대출채권	⑨ 금전채권	(4) 금전채권의 매수	
㊺ 현존매출채권, ㊻ 장래매출채권 ㊼ 신용카드매출채권	갸. 매출채권			
㊽ 예금반환채권 ㊾ 임차보증금 (반환채권) ㊿ 소액결제대금채권	냐. 기타 금전채권			
51 콜론			(5) 대출	
			(6) 어음의 매수	
			(7) 실물자산의 매수	
			(8) 무체재산권의 매수	
			(9) 부동산 매수 및 개발	
		⑩ 원화 양도성예금증서	(10) 기타	
		⑪ 부동산 관련 권리		
52 대고객RP, 53 기관간RP 매수 54 기관 간 RP 매도	댜. 환매조건부(RP) 매수 랴. 환매조건부(RP) 매도	⑫ 환매조건부매수		
		⑬ 증권의 대여/차입		

앞의 표에서 보는 바와 같이, 운용자산의 상세분류에서 언급하고 있는 '자산'들은 그 자체로서 금융투자상품의 최종 소비자인 우리가 흔히 접할 수 있는 금융투자상품이 될 수도 있고, 금융투자상품을 만드는 이익의 재원이 되는 기초자산이 될 수도 있다. 이는 바꿔

말하면, 금융투자상품 또는 신탁상품의 구조를 앞선 표에서 언급한 여러 가지 (기초)자산의 조합을 통하여 설계할 수 있다는 의미이기도 하다.

(2) 신탁상품 또는 금융투자상품의 설계 사례

그럼 이제 위의 확장된 재무상태표를 이용하여 신탁상품 또는 금융투자상품의 구조를 대략적으로 설계해 보자.

표에서 언급한 항목들을 조합하면 수없이 많은 경우의 수를 만들어 낼 수 있을 것이다. 그러나 모든 경우의 수의 조합이 의미 있는 수익률을 만들어 낼 수 있다는 뜻은 아닐 것이다. 따라서 우선 전제가 되어야 할 것은, 설계하고자 하는 새로운 구조를 실행하는 비용이나, 그 설계된 구조에 따른 위험을 감수한 이후에도, 최소한 시장수익률 이상의 수익률을 낼 수 있는 조합이어야 금융상품의 구조를 설계하는 의미가 있을 수 있다는 것이다.

즉, 금융상품의 구조 설계가 무조건 수익을 보장한다는 의미는 아니므로 만들고자 하는 신탁상품, 금융투자상품 또는 기초자산의 기본적인 수익률이 시장수익률을 의미 있게 초과하는 수준이 된 이후에야 그 구조를 설계할 수 있다는 뜻이다.

수탁재산과 운용자산의 조합을 구체적인 사례로 제시해 보면 아래 표와 같다.

구분	수탁재산 및 운용자산의 조합	신탁상품 또는 금융투자상품
1	1＋㊴, ㊼, ㊽, ㊾	⇒ 수시입출형신탁(MMT)
2	1＋가/나/다	⇒ 채권/CP 만기매칭형
3	1＋㉟ ㊲	⇒ 정기예금형 신탁
4	1＋㊳＋㉛	⇒ 이자율스왑 정기예금신탁
5	1＋㊱ ㊲＋㉝	⇒ 외환스왑 정기예금신탁
6	1＋㉟ ㊲＋⑫	⇒ 정기예금 ABCP
7	1＋㊱ ㊲＋㉝＋⑫	⇒ 외화예금 ABCP
8	1＋① ④ ⑤ ⑦	⇒ 변동금리채권형(FRN)
9	1＋③＋㉛	⇒ 변동금리형 신탁
10	3＋㊺＋㉑＋⑩/⑫	⇒ 매출채권 유동화증권(ABCP/ABSTB)
11	3＋㊷＋㉑＋⑩/⑫	⇒ 부동산PF 유동화증권(ABCP/ABSTB)
12	2[① or ②, ③ ⑤ ⑦]＋⑫	⇒ Repackage ABCP
13	1＋가＋㉞＋⑫	⇒ 신용파생(CDS) ABCP
14	1＋㉔	⇒ 주가연계형신탁(ELT)
15	1＋가/다＋㉙	⇒ Warrant신탁
16	3＋㊶＋㉜＋⑫	⇒ 외화대출채권 ABCP
17	2＋② ③ ⑥ ⑦＋㉜＋⑫	⇒ 외화채권 ABCP
18	1(외화)＋㉝＋㉟ ㊲	⇒ 외화신탁Sell & Buy
19	2＋가＋㊾＋가/나/다	⇒ 증권신탁_Repo
…	…	…

표 왼쪽 '수탁재산 및 운용자산의 조합' 열에서 수탁재산과 운용자산 그리고 기초자산 등을 여러 가지 형태로 조합하여 오른쪽 열에 '신탁상품 또는 금융투자상품'을 그 사례로 제시해 보았다. 이는 증권사에 신탁업이 최초로 인가(2005. 12.)된 이래로 증권사 신탁계정에서 실제 신탁상품으로 만들었거나 또는 주요한 운용자산(금융투자상품) 등으로 운용한 사례를 나타낸 것이기도 하다.

신탁상품 또는 금융투자상품의 구조 설계 요약

각각의 신탁상품 또는 금융투자상품의 구조를 간략하게 언급하면 다음과 같다.

구분 1의 '수시입출형신탁(MMT)'의 경우 수탁재산과 운용자산의 조합이 '1+㉟, ㊿, ㊾, ㊿'라고 하는 것은 '수탁자 입장의 재무상태표 상 대변에서 금전(1)을 수탁하여 차변에서 소분류의 수시입출식예금(㉟), 콜론(㊿), 대고객RP(㊾), 기관간RP(㊿) 등으로 운용하는 신탁상품'이라는 의미로 해석하면 된다.

구분 2의 '채권/CP 만기매칭형'의 수탁재산과 운용자산의 조합이 '1+가 / 나 / 다'라는 것은 '대변에서 금전(1)을 수탁하여 차변에서 중분류의 채권(가) / 단기사채(나) / 기업어음증권(다) 등으로 운용하는 신탁상품'이라는 의미이다.

구분 3의 '정기예금형신탁'의 수탁재산과 운용자산의 조합이 '1+㉟ ㊲'이라는 것은 '대변에서 금전(1)을 수탁하여 차변에서 소분류의 원화예금(㉟)이자, 고정금리예금(㊲)을 운용하는 신탁상품'이라는 의미이다.

구분 4의 '이자율스왑 정기예금신탁'의 수탁재산과 운용자산의 조합이 '1+㊳+㉛'이라는 것은 '대변에서 금전(1)을 수탁하여 차변에서 소분류의 변동금리예금(㉟)과 이자율스왑(㉛)을 이용하여 운용하는 신탁상품'이라는 의미이다.

구분 5의 '외환스왑 정기예금신탁'의 수탁재산과 운용자산의 조합이

'1＋㊱ ㊲＋㉝'이라는 것은 '대변에서 금전(1)을 수탁하여 차변에서 소분류의 외화예금(㉟)이자, 고정금리예금(㊲)과 외환스왑(㉝)을 이용하여 운용하는 신탁상품'이라는 의미이다.

구분 6의 '정기예금ABCP'의 수탁재산과 운용자산의 조합이 '1＋㉟ ㊲＋⑫'라는 것은 '대변에서 금전(1)을 수탁하여 차변에서 소분류의 원화예금(㉟)이자, 고정금리예금(㊲)을 매수한 후 이를 기초로 유동화CP(⑫)를 발행함으로써 금융투자상품을 만들 수 있다'는 의미이다.

구분 7의 '외화예금ABCP'의 수탁재산과 운용자산의 조합이 '1＋㊱ ㊲＋㉝＋⑫'라는 것은 '대변에서 금전(1)을 수탁하여 차변에서 소분류의 외화예금(㊱)이자, 고정금리예금(㊲)을 매수하고 외환스왑(㉝)을 이용하여 환율변동위험을 헤지한 후 이를 기초로 하여 유동화CP(⑫)를 발행함으로써 금융투자상품을 만들 수 있다'는 의미이다.

구분 8의 '변동금리채권형(FRN)'의 수탁재산과 운용자산의 조합이 '1＋① ④ ⑤ ⑦'이라는 것은 '대변에서 금전(1)을 수탁하여 차변에서 소분류의 공모사채(①)이자, 변동금리채권(④)이자, 원화채권(⑤)이자, 일반채권(⑦)인 자산을 운용하는 신탁상품'이라는 의미이다.

구분 9의 '변동금리형 신탁'의 수탁재산과 운용자산의 조합이 '1＋③＋㉛'이라는 것은 '대변에서 금전(1)을 수탁하여 차변에서 소분류의 고정금리채권(③)을 매수하고 이자율스왑(㉛)을 이용하여(IRS Pay) 변동금리로 변환함으로써 변동금리채권(FRN)과 동일한 효과를 내는 신탁상품'의 구조를 만들어 운용할 수 있다는 의미이다.

구분 10의 '매출채권 유동화증권(ABCP/ABSTB)'의 수탁재산과 운용자산의 조합이 '3+㊺+㉑+⑩ / ⑫'라는 것은 '대변에서 금전채권(3)을 수탁하여 부채로 인식하고, 이를 차변에 현존매출채권(㊺)이라는 자산으로 계상한 후, 이에 대한 재산신탁 수익권(㉑)을 발행하고 이를 기초로 유동화단기사채(⑩) 또는 유동화CP(⑫)를 발행함으로써 금융투자상품을 만들 수 있다'는 의미이다.

구분 11의 '부동산PF 유동화증권(ABCP/ABSTB)'의 수탁재산과 운용자산의 조합이 '3+㊷+㉑+⑩ / ⑫'라는 것은 '대변에서 금전채권(3)을 수탁하여 부채로 인식하고, 이를 차변에 부동산PF 대출채권(㊷)이라는 자산으로 계상한 후, 이에 대한 재산신탁 수익권(㉑)을 발행하고 이를 기초로 유동화단기사채(⑩) 또는 유동화CP(⑫)를 발행함으로써 금융투자상품을 만들 수 있다'라는 의미이다.

구분 12의 'Repackage ABCP'의 수탁재산과 운용자산의 조합이 '2[① or ②, ③ ⑤ ⑦]+⑫'라는 것은 '대변에서 증권(2)을 수탁하는데 이는 공모사채(①)이거나, 사모사채(②)일 수 있고, 또한 고정금리채권(③)이자, 원화채권(⑤)이자, 일반채권(⑦)이다. 이를 차변에 자산으로 인식하고 이 자산을 기초로 하여 유동화CP(⑫)를 발행함으로써 금융투자상품을 만들 수 있다'는 의미이다.

구분 13의 '신용파생(CDS) ABCP'의 수탁재산과 운용자산의 조합이 '1+가+㉞+⑫'라는 것은 '대변에서 금전(1)을 수탁하여 차변에서 중분류의 채권(가)을 매수하고 신용파생스왑(㉞)을 체결하여 이를 기초로 유동화CP(⑫)를 발행함으로써 금융투자상품을 만들 수 있다'

는 의미이다.

구분 14의 '주가연계형신탁(ELT)'의 수탁재산과 운용자산의 조합이 '1+㉔'라는 것은 "대변에서 금전(1)을 수탁하여 차변에서 소분류의 주식연계 파생결합증권(㉔)을 매수하는 신탁상품"이라는 의미이다.

구분 15의 'Warrant신탁'의 수탁재산과 운용자산의 조합이 '1+가/다+㉙'라는 것은 '대변에서 금전(1)을 수탁하여 차변에서 중분류의 채권(가) 또는 기업어음증권(다)을 매수하고, 일부 남은 금전으로 주식옵션(warrant, ㉙)을 매수함으로써 원금보장을 추구하는 주가연계형신탁(ELT)과 동일한 효과를 내는 신탁상품'을 만들 수 있다는 의미이다.

구분 16의 '외화대출채권ABCP'의 수탁재산과 운용자산의 조합이 '3+㊶+㉜+⑫'라는 것은 '대변에서 금전채권(3)을 수탁하고, 차변에서 외화대출채권(㊶)과 통화스왑(㉜)을 이용하여 이를 기초로 하는 유동화CP(⑫)를 발행함으로써 금융투자상품을 만들 수 있다'는 의미이다.

구분 17의 '외화채권ABCP'의 수탁재산과 운용자산의 조합이 '2+②③⑥⑦+㉜+⑫'라는 것은 '대변에서 증권(2)을 수탁하는데 이는 사모사채(②)이자, 고정금리채권(③)이자, 외화채권(⑥)이자, 일반채권(⑦)이고, 이 자산과 통화스왑(㉜)을 기초로 하여 유동화CP(⑫)를 발행함으로써 금융투자상품을 만들 수 있다'는 의미이다.

구분 18의 '외화신탁 Sell & Buy'의 수탁재산과 운용자산의 조합이

'1(외화)＋33＋35 37'라는 것은 '대변에 금전 중에서도 외화(1)를 수탁하여 차변에서 소분류의 외환스왑(33)을 이용하여 원화로 환전한 후 원화예금(35)이자, 고정금리예금(37)을 매수하여 운용하고, 만기에는 이미 정해진 환율로 다시 외화를 매수하는 신탁상품을 만들 수 있다'는 의미이다.

구분 19의 '증권신탁_Repo'의 수탁재산과 운용자산의 조합이 '2＋가＋54＋가/나/다'라는 것은 '대변에 증권(2)을 수탁하여 차변에 이 채권(가)을 자산으로 인식한 후, 이를 담보자산으로 기관간 RP 매도(54)를 하여 조달한 금전으로 다시 새로운 채권(가) 또는 단기사채(나) 또는 기업어음증권(다)을 매수하여 운용하는 신탁상품을 만들 수 있다'는 의미이다.

이상과 같이 수탁재산과 운용자산을 여러 가지 형태로 조합함으로써 신탁상품 또는 금융투자상품의 구조를 만들 수 있음을 예시하여 보았다. 이를 증권사가 신탁업 인가(2005. 12.)를 받은 이래로 금융시장에서 발생한 주요 이슈 등과 함께 시간순으로 나타내면 다음 그림과 같다.

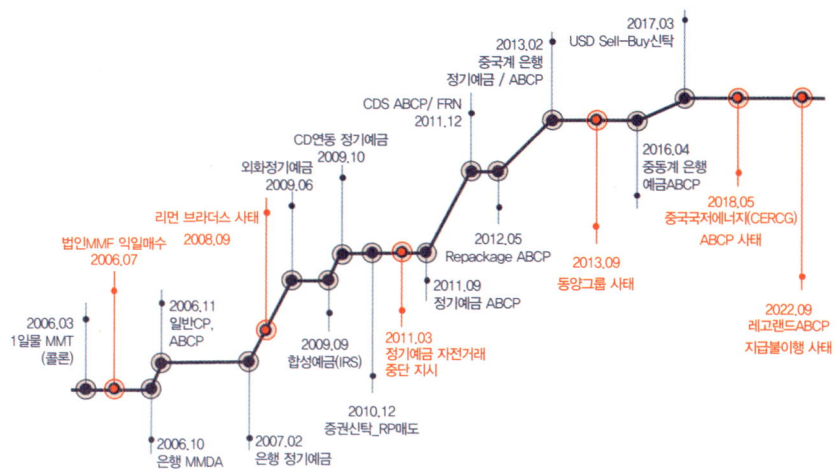

물론 이 이외에도 많은 신탁상품과 운용자산 그리고 시장을 뒤흔든 커다란 이슈가 있었지만 몇 가지 주요 사항만 표시하였다. 그림에서 보는 바와 같이 앞서 금융상품의 설계에서 언급한 여러 신탁상품과 운용자산(금융투자상품)들이 표시돼 있다.

이를 통해 증권사 신탁은 2006년~2021년 사이에 매년 눈에 띄는 성장세를 보여주었고 수탁잔고가 300조 원을 웃돌게 되었다. 그러나 코로나 사태 이후 전 세계적인 물가상승으로 인한 급격한 금리 인상 등으로 채권형 신탁의 평가손실이 급증하면서 채권형 신탁 및 관련 잔고가 신탁업 인가 이후 처음으로 급감하게 되었다(이와 관련된 자세한 내용은 하나의 장을 할애하여 제4장에서 언급하기로 한다).

증권사 신탁 잔고 연도별 추이

연도(말일)	잔고(단위 : 조 원)	증감률(전년 대비)
2008년	27.4	+25.1%
2009년	53.6	+95.6%
2010년	63.4	+18.3%
2011년	79.5	+25.4%
2012년	113.9	+43.3%
2013년	130.3	+14.4%
2014년	156.4	+20.0%
2015년	167.2	+6.9%
2016년	191.6	+14.6%
2017년	202.4	+5.6%
2018년	208.8	+3.2%
2019년	237.0	+13.5%
2020년	251.0	+5.9%
2021년	309.5	+23.3%
2022년	270.4	−12.6%
2023년	252.8	−6.5%

다음 장에서는 증권사 신탁업이 신상품으로 내놓은 위 신탁상품 또는 금융투자상품 중 몇 가지 상품에 대해 개발 배경과 구조를 좀 더 구체적으로 알아보도록 하자.

3

증권사 신탁의 등장과 채권형 상품

우리나라의 신탁업은 1961년에 신탁법과 신탁업법이 제정된 이래로 주로 은행에 의해 은행 고유업무와 겸영하는 방식으로 이루어졌다. 그런데 퇴직연금 제도의 전면 시행을 앞두고 업권 간 공정한 경쟁을 유도하기 위해 다른 업권에도 신탁업을 확대할 필요성이 제기되었고 이에 증권사와 보험사에도 신탁업이 인가되었다. 2005년 12월 증권사의 신탁업 인가 이후, 증권사는 특유의 운용능력과 상품개발 역량을 발휘하여 새로운 운용자산(금융투자상품)과 새로운 신탁상품을 만들고 이를 통해 잔고를 늘려가면서 신탁시장을 주도적으로 이끌어 왔다.

그 과정에서 다른 업권에 비해 잔고가 급격히 증가한 것을 두고 신탁업이 다른 업권, 특히 집합투자업과 비교해 분산투자를 적용하지 않는 등 상대적으로 '규제 차익'을 누리고 있다는 의견도 있었고, 증권사 간에도 투자자 유치를 위한 지나친 금리 경쟁으로 인해 시장에 폐해를 초래하는 등 그 '과(過)'가 작지 않다는 비판이 있었지만, 그럼에도 불구하고 증권사 신탁이 새로운 상품을 개발하여(또는 개발하는 데 일조하여) 운용의 영역을 확장시켰다는 '공(功)'을 폄하할 수는 없을 것이다.

이에 증권사 신탁이 어떤 새로운 금융상품을 개발하고 운용했는지 그 배경과 상품의 구조 등을 대략적인 시간 순서에 따라 구체적으로 파악해 보고자 한다.

1. 증권사의 신탁업 인가

앞서 언급한 대로 2005년 12월 퇴직연금제도의 전면적인 시행을 앞두고 기존의 은행에만 부여되어 있던 신탁업 인가에 대해 은행, 증권사, 보험사 간 장벽을 뛰어넘어 업권 간 차별을 없애고 동등한 입장에서의 퇴직연금사업자 경쟁이 될 수 있도록 금융위원회가 추가적으로 증권사와 보험사 등에 신탁업 인가를 내주면서 증권사와 보험사의 신탁업이 출발하게 되었다.

증권사에 대해서는 2005년 12월에 9개 증권사(대우증권, 우리투자증권, 삼성증권, 현대증권, 한국투자증권, 굿모닝신한증권, 미래에셋증권, 동양종합금융증권, 대신증권)를 대상으로 시작하였고, 보험사는 2007년 9월 1개 보험사(미래에셋생명)를 대상으로 신탁업 인가를 내주기 시작했다.

2023년 말 기준으로 국내은행 16개(시중은행 6개, 지방은행 6개, 특수은행 4개), 외국은행 국내지점 3개, 증권사 21개, 보험사 7개, 부동산전업신탁사 14개, 증권유관기관(한국증권금융) 1개 등이 신탁업 인가를 받아 업무를 영위하고 있다. 2023년 말 현재 업권별, 수탁재산별 잔고 규모는 다음과 같다.

(단위 : 조 원)

구분		은행	증권	보험	부동산 전업신탁	합계
금전 신탁	특정금전신탁	358	211	18	0	586
	불특정금전신탁	14	0	0	0	14
	소계	372	211	18	0	600
재산 신탁	증권신탁	6	4	0	0	10
	금전채권신탁	182	32	0	0	215
	부동산신탁	72	5	5	402	483
	소계	260	42	5	402	708
합계		632	253	23	402	1,308

증권사 신탁업의 조건부 인가

그런데 증권사 신탁업 인가 내용 중 일부를 발췌해서 자세히 들여다보면,

(중략)

3. 인가조건
   가. 신탁재산에 속하는 금전을 **다음의 대출방법으로 운용하지 아니할 것**
      (1) **당해 신탁업자의 고유계정**(신탁업자의 고유재산을 관리하는 계정)**에 대한 자금의 대여**
      (2) 신용대출
      (3) 저당권 또는 질권에 따라 담보되는 대출
      (4) 다음 어느 하나에 해당하는 자가 원리금의 지급을 보증하는 대출
         ① 은행
         ② 「한국산업은행법」에 따른 한국산업은행, 「중소기업은행법」에 따른 중소기업은행, 「한국수출입은행법」에 따른 한국

　　　　수출입은행, 증권금융회사, 종합금융회사
　　③ 「보험업법」에 따른 보증보험회사, 「신용보증기금법」에 따
　　　른 신용보증기금, 「기술신용보증기금법」에 따른 기술신
　　　용보증기금 또는 「한국주택금융공사법」에 따른 주택금융
　　　신용보증기금
　　④ 「건설산업기본법」 제54조에 따른 공제조합
(5) <u>사모사채의 매수</u>

증권사의 경우 여신(與信)기관이 아니고 현재도 특수한 경우에만 대출을 허용하고 있으며 더구나 당시에는 대출 가능한 범위가 더 제한적이었기에 감독당국은 '대출' 기능을 제외하고 조건부로 신탁업 인가를 승인했다.

금융당국은 증권사가 수탁한 신탁재산으로 대출업무를 수행하는 것을 금지하는 이유에 대해, 대출업무가 고객재산의 관리, 운용을 주된 목적으로 하는 신탁업의 본질에 부합하지 않는다는 명분을 내세우고 있다. 그러나, 증권업의 여신 기능 확장에 대한 은행권과의 영역 다툼 우려를 차단하기 위한 목적이 깔려 있음을 부인할 수는 없을 것이다.

증권사 신탁에서 취급 불가한 대출 중 "(1) 당해 신탁업자의 고유계정(신탁업자의 고유재산을 관리하는 계정)에 대한 자금의 대여"는 보통 신탁계정이 고유계정에 자금을 대여한다고 하여 '고유계정대(貸)'라고 한다(반대로 고유계정에서는 자금을 "고유계정이 신탁계정에서 차입한다"고 하여 '신탁계정차(借)'라고 표현한다). 신탁업자가 투자신탁(펀드)을

수탁하는 경우, 그 신탁업자는 대부분 은행이고, 펀드에서 운용하고 남은 현금 잔액을 은행의 고유계정에 보통 1일물로 대여하는 방식으로 운용하는데 이를 흔히 '은대'라고 한다. 이는 신탁업자가 주로 은행이기 때문에 고유계정대 대신 '은행계정대'로 표현하는 데에서 비롯된 것이다. 동일한 논리로 신탁업자가 증권사인 경우 고유계정대를 '증권계정대'로 표현할 수 있겠으나, 앞선 증권사 인가 규정에서 언급한 대로 증권사는 고유계정에 자금을 대여하는 방법으로 운용할 수 없으므로, 매일 자금을 마감할 때마다 신탁계정의 모든 현금 잔액을 긁어모아 이를 은행이나 타 증권사(고유계정)로 송금하여 MMDA, CMA, 발행어음, RP(환매조건부채권) 매수 등의 1일물로 운용하고 있다.

증권사 신탁에서 취급 불가한 대출 중 마지막으로 '(5) 사모사채의 매수'가 있다. 사모사채의 매수가 금융투자업규정 제4-87조(신탁재산의 운용방법)에서 대출의 한 방법으로 분류가 되어 있지만, 실제로 기업에 대출 목적이 아니라 투자 목적으로 '사모로 사채를 발행'하고자 하는 수요는 많이 존재한다. 그러나 채권이 공모가 아니라 사모라는 이유로 이를 모두 대출 목적으로 분류하여 금지하는 것은 지나친 규제라고 볼 수 있다. 더구나 시장에서 유통되고 있는 사모사채를 매수하는 것은 자금지원 목적이라고 볼 수 없음에도 매수가 불가하도록 한 것은 형식이 실질을 옭아매는 경우라고 느껴질 수밖에 없다.

2. 수시입출금 신탁(MMT)의 시작

증권사 신탁업 인가조건에서 열거하여 제한하고 있는 '대출'의 종류는 금융투자업규정 제4-87조(신탁재산의 운용방법)와 거의 유사한 항목으로 이루어져 있다. 따라서 금융투자업규정 제4-87조(신탁재산의 운용방법) 규정 중 위 인가조건에서 언급하지 않아 결과적으로 '증권사 신탁업에서 취급 가능한 대출'은 제2호에 해당하는 대출과 제6호의 예외 조항밖에는 없으며, 나머지 대출방법은 증권사 신탁에서 운용할 수 없다.

금융투자업규정

제4-87조(신탁재산의 운용방법) ① 신탁업자가 영 제106조 제5항 제3호에 따라 대출의 방법으로 신탁재산을 운용하는 경우 해당 대출의 범위는 다음 각 호의 것으로 한다. 다만, 제1호에 따른 대출은 투자매매업자 또는 투자중개업자로서 신탁업을 영위하는 자와 신탁업을 겸영하는 은행, 증권금융회사 또는 보험회사에 한한다.
  1. 당해 신탁업자의 고유계정에 대한 일시적인 자금의 대여. 다만, 금액의 규모 또는 시간의 제약으로 인하여 다른 방법으로 운용할 수 없는 경우에 한한다.
  2. **법 제355조의 자금중개회사의 중개를 거쳐 행하는 단기자금의 대여. 이 경우 한도는 전 회계연도말 신탁 수탁고 잔액의 "100분의 10"이내로 한다.**
  3. 신용대출
  4. 저당권 또는 질권에 따라 담보되는 대출
  5. 다음 각 목의 어느 하나에 해당하는 자가 원리금의 지급을 보증하는 대출
     가. 은행

나. 영 제7조의2 제1호부터 제5호까지의 금융기관
다. 「보험업법」에 따른 보증보험회사, 「신용보증기금법」에 따른 신용보증기금, 「기술신용보증기금법」에 따른 기술신용보증기금 또는 「한국주택금융공사법」에 따른 주택금융신용보증기금
라. 「건설산업기본법」 제54조에 따른 공제조합
6. 사모사채의 매수. 다만, 다음 각 목의 어느 하나에 해당하는 경우는 제외한다. 〈개정 2013.12.4〉
가. 투자매매업자 또는 투자중개업자로서 신탁업을 영위하는 자가 단기사채를 매수하는 경우
나. 투자매매업자가 사업자금조달 목적이 아닌 금융투자상품 판매 목적으로 발행하는 「상법」 제469조 제2항 제3호에 따른 사채의 경우로서 법 제4조 제7항 제1호에 해당하는 사채권을 신탁업을 영위하는 자가 매수하는 경우

'금융투자업규정'에서 언급하는 대출의 방법 중 "2. 법 제355조의 자금중개회사의 중개를 거쳐 행하는 단기자금의 대여"는 보통 '콜론'을 말하는 것으로서 증권사 신탁업 초창기에 수시입출금 신탁상품의 주요 운용자산으로 사용되었다.

'콜(Call)'은 금융기관 간 초단기자금을 대여 및 차입하는 것으로서 대여자 입장에서는 '콜론(Call loan)', 차입자 입장에서는 '콜머니(Call money)'라고 하며, 자금중개회사를 통하여 1영업일 만기물이 주로 거래되었다. 금리는 그때그때 시장 상황에 따라 결정되었는데 은행 간 콜금리는 보통 기준금리 수준이었고(당시에는 한국은행 금융통화위원회에서 결정하는 정책금리는 '기준금리'가 아니라 '콜금리'였다), 증권사의 콜 금리는 그보다 조금 높아 보통 '기준금리+0.10%' 수준에서 결

정되었다.

그러나 시중 유동성이 부족한 경우에는 자금을 쉽게 조달할 수 있다는 장점으로 인해 콜 금리가 급격하게 상승함으로써 안 그래도 어려운 금융시장에 콜 금리 상승이 혼란을 더 가중시킨다는 비난을 받게 되었고, 관련 제도를 정비하여 단기자금 시장의 안정성을 높여야 한다는 목소리가 높았다. 그 결과 감독당국에 의해 증권사 고유계정이 자금을 조달하는 통로인 콜머니 시장은 급속도로 위축되었고, 그 대신 채권을 담보로 하여 안전성을 높인 'RP(Repurchase Agreement)'와 단기사채 등으로 서서히 자금조달 통로가 대체되었다.

'수시입출금 신탁'은 수시입출이 가능한 펀드 즉, MMF(Money Market Fund)에서 그 이름을 차용, Fund(펀드) 대신 Trust(신탁)를 사용하여 'MMT(Money Market Trust)'라고 불렸다(참고로 동일한 논리로 '수시입출금식 랩' 상품은 MMW(Money Market Wrap)로 불린다). 그런데 마침 금융당국이 법인용 MMF에 대해 2006년 7월부터 익일매수제(익일환매는 2005년에 이미 도입함)를 도입한 시점과 맞물려, 당일결제에 익숙해 있던 기존의 법인 수시입출식 운용자금의 수요가 1일물로 운용하는 증권사 신탁으로 이동하게 되면서 증권사 신탁의 잔고가 늘기 시작했다.

그때의 선입견으로 인해 '증권사 채권형 신탁＝MMT'라는 공식이 성립하여 아직까지도 기간물을 운용하는 증권사의 채권형 신탁상품을 'MMT'라고 부르는 수익자 법인들이 많이 존재한다. 하지만 이는 명백히 잘못된 표현이며, 수시입출금 신탁(MMT)은 현재 금융투자업 규정상 다음과 같은 규제를 만족하는 방법으로 운용하여야 한다.

금융투자업규정

제4-93조(불건전 영업행위의 금지) 영 제109조 제3항 제10호에서 "금융위원회가 정하여 고시하는 행위"란 다음 각 호의 어느 하나에 해당하는 행위를 말한다.
  20. 수시입출방식으로 신탁계약을 체결하고 신탁재산을 운용하면서 다음 각 목의 사항을 준수하지 아니하는 행위
    가. 신탁재산을 거래일과 결제일이 동일한 자산으로 운용할 것
    나. 신탁재산으로 운용할 수 있는 채무증권(금융기관이 발행·매출·중개한 어음을 포함한다)은 취득시점을 기준으로 신용평가업자의 신용평가등급(둘 이상의 신용평가업자로부터 신용평가등급을 받은 경우에는 그중 낮은 신용평가등급이고, 세분류하지 않은 신용평가등급을 말한다. 이하 이 조에서 같다)이 최상위등급 또는 최상위등급의 차하위등급 이내일 것
    다. 신탁재산의 남은 만기의 가중평균된 기간이 90일 이내일 것
    라. 신탁재산을 잔존만기별로 구분하여 관리하고 다음에 해당하는 비율을 유지할 것
      (1) 제7-16조 제3항 각 호에 해당하는 자산의 비율 : 100분의 10 이상
      (2) 제7-16조 제4항 각 호에 해당하는 자산의 비율 : 100분의 30 이상

신탁업자의 입장에서는 많게는 수천 개에 이르는 수익자의 모든 수시입출금 신탁계좌를 위의 조건을 맞춰 운용하기가 쉽지 않고 설사 조건을 맞춘다 하더라도 비용 대비 효익이 크지 않을 수 있다. 따라서 대부분의 증권사가 MMDA, CMA, 발행어음, RP, 기타 예치금 등 1일물로만 운용하고 있고, 대신 수익자 입장에서는 매일 아침마다 현금화되어 있다는 장점이 있다. 따라서 법인 투자자의 경우 이

를 '현금 및 현금성자산'으로 회계처리 할 수 있을 것이다.

기준금리가 높은 수준이고, 장단기 금리 차이가 크지 않다면(장기금리가 단기금리보다 많이 높지 않다면), 언제든 다른 투자처를 노리고 시장기회를 엿볼 수 있으며, 금리까지 낮지 않은 MMT(MMW도 동일하다)는 많은 이점을 가지고 있다. 매일 실현된 이자수익을 다시 매일 재투자하므로 복리 수익은 덤이다.

3. 채권형 자산의 만기보유 신탁상품

앞서 신탁상품의 구조를 설계하면서 '금전을 수탁하여 채권 또는 CP를 만기까지 보유'하는 '채권/CP 만기매칭형 신탁'을 언급하였다.

수탁재산 및 운용자산의 조합		신탁상품 또는 금융투자상품
금전신탁＋채권/단기사채/CP	⇒	채권/CP 만기매칭형

이는 최소한의 신탁보수율을 책정하여 채권 또는 기업어음(CP) 등을 만기까지 보유하는 가장 기초적이고 간단한 상품구조를 가지고 있다. 바꿔 말하면 '금전을 수탁하는 대변의 신탁계약의 만기'와 '금전을 운용하는 차변의 채권 등의 만기' 이 두 기간을 서로 일치시켜 신탁계약기간 동안의 금리상승위험을 없애고, 운용하는 채권 등의 채무불이행 위험에만 집중하여 안정적인 수익률을 거두고자 하는 의미가 내포돼 있다고 볼 수 있다.

채권 등을 만기보유 하는 방식으로 운용하는 이유

그런데 만기매칭형 신탁상품을 접하는 투자자들이 이런 2가지 의문점을 제기할 수 있다.

첫째는, "만기까지 보유만 하면 되는데 이것을 운용으로 볼 수 있는가?"라는 의문이다.

'신탁'의 기능은 크게 3가지로 요약할 수 있다. ① 자산의 보관, ② 자산의 운용, ③ 신용의 절연이다. 물론 몇 번 정도는 운용을 잘해서 높은 금리에 사서(→저가 매수), 낮은 금리에 팔면(→고가 매도) 높은 수익을 올릴 수 있겠지만, 매번 짧은 신탁계약 기간마다 예외 없이 항상 높은 수익률을 올리는 것은 불가능하다. 짧은 신탁계약 기간 동안 금리를 좇아 사고팔기를 반복하는 공격적인 '운용'보다 때로는 '만기보유(보관)' 하는 것이 운용의 측면에서 훨씬 더 훌륭한 투자전략이 될 수 있다는 뜻이다.

그리고 감독당국이 증권사에 신탁업 인가를 내주기 전부터 자산운용사도 만기가 짧은 CP 1장에, 50인 미만 투자자의 자금을 모아 펀드(채권형 사모 투자신탁) 1개를 설정하는, 만기매칭형 펀드 잔고를 이미 많이 보유하고 있었다. 따라서 만기보유 전략을 운용이 아니라고 말하기는 어려울 것이다. 자금운용 규모가 큰 법인들의 경우 가령 3개월 만기 CP를 만기보유 하려고 할 때 이를 굳이 판매보수, 운용보수, 수탁보수, 일반사무관리보수를 지불하면서, 더구나 설정 절차까지 복잡한 '펀드(투자신탁)'를 고집할 이유가 없기 때문이다.

증권사에 신탁업이 인가되면서, 운용자산도 단독으로 구성할 수 있고, 보수도 단일 신탁보수만 지급하면 되는 신탁업의 장점이 크게 부각되었고, 증권사의 금융상품법인영업 직원 입장에서 보면, 펀드를 통해 법인자금을 유치하면 펀드의 판매보수만 수익으로 취할 수밖에 없는 반면(펀드의 판매, 운용, 수탁, 일반사무관리 중 증권사의 역할은 판매밖에 없으므로), 동일한 자금을 신탁(또는 랩)상품으로 유치하면 신탁보수(또는 랩 수수료) 전부를 수익으로 취할 수 있으므로(증권사 랩, 신탁운용 부서는 대부분 수익부서가 아니므로, 신탁보수 등 수익은 전부 판매자인 금융상품법인영업 직원의 몫으로 돌아간다), 펀드 대신 신탁(또는 랩)상품으로 법인 투자자금 수요가 많이 몰리게 된 또 하나의 큰 이유가 되었다.

두 번째, "CP를 만기보유할 것이라면 위탁계좌로 직접 보유하면 될 것을, 굳이 보수를 지불하면서까지 신탁을 할 필요가 있는가?"라는 의문을 제기할 수 있다.

모든 조건이 동일하다면 투자자의 위와 같은 의문이 얼핏 맞는 말일 것 같은 느낌이 든다. 가령, 시장에서 매수할 수 있는 잔존만기 3개월 CP의 금리가 4.00%인데, 이를 위탁계좌에서 직접 매수하면 4.00%에 매수할 수 있을 텐데, 신탁을 통하면 신탁계정이 4.00%에 매수하고 여기에서 신탁보수 0.10%를 차감하여 3.90%를 받게 될 것이므로 결과적으로 직접 매수하는 것보다 수익률이 0.10% 떨어진다는 우려 때문일 것이다.

그러나 이는 사실과 다르다. 실제로 위탁계좌에서 매수를 하려면 위탁계좌를 관리하는 부서의 포지션이 시장에서 4.00%로 매수하고, 회사(부서)의 수익으로 스프레드 0.10%를 차감한 후, 3.90%에 이를 다시 투자자의 계좌에 매도(투자자 매수)할 것이므로 결과적으로 신탁계좌와 동일한 수익률을 거둘 것이기 때문이다. 즉, 수수료를 운용자산에서 매수시점에 뗄 것이냐(위탁계좌), 아니면 수수료를 떼지 않고 자산 금리 그대로 매수 후 수수료만큼의 보수를 투자자의 비용으로 인식하여 차감할 것이냐(신탁 또는 랩)의 문제일 뿐, 근본적으로 투자자(수익자)가 부담하는 수수료(보수) 비용은 동일하다는 의미이다.

CP의 가격계산

그러면 CP 만기매칭형 신탁의 사례를 들어보자.

이를 위해 먼저 CP 가격계산식을 알아보자. CP의 유래나 법률적 의미 등은 본 서의 목적에 배치하므로 이는 차치하고 자산의 운용적 측면에서 CP를 정의하면 다음과 같다.

[CP 가격계산식]

CP(Commercial Paper, 기업어음증권)는
① 만기에 액면금액을 지급받기로 하고
② 매수 당일에
③ 할인율만큼의 이자금액을 선취로 인식하고
④ 그 나머지 금액만 결제하는
⑤ 기업어음증권(<채무증권<증권<금융투자상품)이다.

이를 식으로 나타내 보면 다음과 같다.

$$S = F - F \times r \times \frac{d}{365}$$

(S : CP의 현재가격, F : 액면가액, r : 할인율(금리), d : 잔존일수)

위 식을 액면가액(F)으로 묶어 다시 정리하면 다음과 같다.

$$S = F \left(1 - r \times \frac{d}{365}\right)$$

산식에서 보는 바와 같이 CP의 가격은 ① 액면가액에서 ② 현재 금리를 적용하여 계산한 ③ 잔존만기 동안의 이자수익을 ④ 차감한 금액이다. 즉, CP의 가격계산을 위해서는 액면가액, 할인율(금리), 만기까지의 잔존일수 이 3가지 정보가 필수적인데, 이자를 선취로 인식하므로 액면가액에서 잔존만기 동안의 이자금액을 차감하여 그 차액만 지급하면 된다는 의미이다.

따라서 매수자가 매수할 때 만기까지 전체 기간 동안의 이자수익을 선수수익으로 인식한 후, 만기 이전에 매도하는 경우, 매도시점에 만기까지 남은 기간 동안의 이자수익을 차감하여 그다음 매수자가 만기까지의 이자수익을 인식하는 구조이다.

사례를 들어보자. 1년 후에 100억을 받는 CP의 금리가 4.00%라고 가정한다. 그러면 CP의 액면 100억, 할인율 4.00%, 잔존일수 365일이므로 CP 가격은 96억이 된다.

$$S = 100억 - 100억 \times 4.00\% \times \frac{365}{365}$$
$$= 100억 - 4억$$
$$= 96억$$

참고로, 시장에서 운용자산은 위에서 언급한 '금리(할인율)'로 거래되는데 이는 자산을 운용하는 차변 입장에서의 매매 금리이고, 자금을 투자하는 고객(투자자, 수익자)인 대변의 입장에서 자산을 만기까지 보유하면 투자기간의 수익률이 얼마인지 고객은 궁금해할 것이다. 이를 위해 고객의 입장에서 투자수익률을 구해보자.

위의 사례에서, 이 CP를 사기 위해서는 96억만 필요하므로 정확히 96억만 입금해서 1년 후 만기에 100억을 받으면 이자수익은 4억이 된다. 100억에 대한 금리 4%의 1년 이자수익이 4억인 것은 당연한데, 투자원금은 96억이었으므로 실제 투자수익률은 그보다는 조금 더 높을 것이다($\frac{4}{100} < \frac{4}{96}$). 실제 투자수익률은 4.167%이다. 이를 산식으로 구해보면,

$$\text{투자수익률}(i) = \frac{\text{이익}}{\text{원금}} \times \frac{365}{\text{투자일수}}$$
$$= \frac{F-S}{S} \times \frac{365}{d}$$
$$= \left(\frac{F}{F\left(1 - r \times \frac{d}{365}\right)} - 1 \right) \times \frac{365}{d}$$

$$= \frac{r}{1 - r \times \dfrac{d}{365}}$$

즉, CP의 투자수익률(i)은 다음과 같은 산식으로 표시할 수 있다.

$$i = \frac{r}{1 - r \times \dfrac{d}{365}}$$

(i : 투자수익률, r : 할인율, d : 잔존일수)

위 식에서 보는 바와 같이 금리가 높을수록 그리고 잔존만기가 길수록, 분자의 값이 커지고, 분모의 값이 작아지므로 CP의 금리(할인율)와 고객의 투자수익률의 차이는 커진다는 것을 알 수 있다. 이는 다음의 금리 및 잔존만기에 따른 투자수익률 사례를 통해서도 직접 확인할 수 있다.

금리(할인율)	잔존만기(일)	투자수익률
2.00%	184	2.020%
	365	2.041%
4.00%	184	4.082%
	365	4.167%

투자수단별 금액 차이

그런데, 앞서 투자수단별로 차이점을 언급하였지만 실제로 CP를 비롯한 채무증권을 만기매칭형으로 투자하는 4가지 방법에 따라 어떤 차이가 발생하는지 구체적으로 살펴보면,

① 투자중개업자(증권사)에 투자자 명의로 일반 위탁계좌를 개설하여 투자하는 방법

② 투자일임업자(증권사)에 운용권한을 일임하며 운용지시를 통해 투자하는 방법

③ 신탁업자(은행, 증권사)에게 자금을 맡기며 운용지시를 통해 투자하는 방법

④ 집합투자업자(자산운용사)가 운용하는 펀드(투자신탁)를 통해 투자하는 방법

랩(Wrap, 투자일임) 계좌는 자산의 운용권한을 투자일임업자(증권사)에게 일임했을 뿐, 계좌는 투자자 본인 명의의 위탁계좌이다(물론 투자자문도 결국은 위탁계좌이므로 이번 사례에서는 생략하였다). 따라서 세금(원천징수세액) 계산 등은 일반 위탁계좌와 동일하며 '랩 보수(수수료)'가 별도로 존재한다는 점이 다를 뿐이다. 투자신탁은 신탁의 일종이므로 세금 계산은 신탁과 동일하다.

다만, 앞서 CP 매칭형신탁에서 언급한 대로 '일반 위탁계좌'와 '랩, 신탁계좌'와의 차이점은, 투자중개업자인 증권사가 투자자의 계좌로

자산을 매도할 때 수수료를 떼고 넘기느냐(일반 위탁계좌), 아니면 투자일임업자 또는 신탁업자인 증권사 등이 수수료를 떼지 않고 자산을 시장금리 그대로 매수하고 (랩)수수료 또는 (신탁)보수를 투자자의 비용으로 인식하여 차감할 것이냐(랩, 신탁)의 문제일 뿐, 근본적으로 투자자(수익자)가 부담하는 수수료(보수) 비용은 동일하다고 볼 수 있다.

랩과 신탁의 투자성과의 차이를 동일 조건하에서 비교하면 다음과 같다.

구분	랩	신탁(투자신탁 포함)	차액(신탁-랩)
액면가액	10,000,000,000		–
할인율(금리)	4.00%		
보수율	0.10%		–
잔존일수	365		
이자수익	400,000,000		–
보수금액	10,000,000		–
과세표준	400,000,000	390,000,000	−10,000,000
소득세(과세표준의 14%)	56,000,000	54,600,000	−1,400,000
주민세(소득세의 10%)	5,600,000	5,460,000	−140,000
원천징수세액	61,600,000	60,060,000	−1,540,000
보수, 세금 차감 후 수익	328,400,000	329,940,000	+1,540,000

다른 모든 조건이 동일하다고 가정할 경우, 랩과 신탁 계약의 차이점은 결국 보수금액을 수익에서 차감하여 원천징수세액을 계산하느냐 아니냐의 문제인 것이다.

신탁보수를 수익에서 차감하여 소득금액을 계산하는 그 법적근거는 다음과 같다. 투자신탁(펀드)도 신탁이므로 이는 동일하게 적용된다.

소득세법 시행규칙

제2조의2(신탁소득금액의 계산) 영 제4조의2 제3항에 따른 신탁의 이익에 대한 소득금액은 해당 이익에서 「자본시장과 금융투자업에 관한 법률」에 따른 각종 보수·수수료 등을 뺀 금액으로 한다.

단기사채의 경우 1년 미만의 기간이라는 차이가 있을 뿐, CP의 가격계산 방법과 동일하다.

단기사채는 종이로 발행되는 기업어음증권(CP)을 전자등록 하게 함으로써 기업어음증권의 발행, 유통, 권리행사 등에 따른 부작용을 해소하고 단기자금시장을 활성화하고자 하는 목적으로 2013년 '전자단기사채 등의 발행 및 유통에 대한 법률'이 시행되면서 도입되었다. 이후 2019년 '주식·사채 등의 전자등록에 관한 법률(약칭: 전자증권법)'이 시행되면서 기존 명칭인 '전자단기사채'가 '단기사채'로 변경되었다.

CD의 가격계산

다만, CD(양도성 예금증서)의 경우는 가격계산 방법이 조금 다르다.

먼저 CD의 가격계산식을 알아보자. CP와 마찬가지로, CD의 법률적 의미 등은 차치하고 자산의 운용적 측면에서 정의하면 다음과 같다.

[CD 가격계산식]

CD(Certificate of Deposit, 양도성 예금증서)는
① 매수 당일에 지급하는 투자원금과
② 그 투자원금에 금리를 적용하여 후취로 계산한 이자수익의 합이
③ 만기에 액면금액이 되는
④ 비금융투자상품이다.

즉, 원금과 이자수익의 합이 만기에 액면가액이 되므로

$$S + S \times r \times \frac{d}{365} = F$$

(S : CD의 현재가격(원금), F : 액면가액, r : 할인율(금리), d : 잔존일수)

이를 투자원금(S)에 대해 정리해 보면 다음과 같다.

$$S = \frac{F}{\left(1 + r \times \dfrac{d}{365}\right)}$$

CD도 만기에 액면금액을 받는다는 점에서는 CP와 동일하지만 이자금액을 선취로 인식하느냐, 후취로 인식하느냐의 차이라고 볼 수 있다. 앞서 언급한 대로 CP는 선취로 이자를 차감받으므로 투자수익률이 할인율보다 높은 데 반해, CD는 이자수익을 후취로 계산하기 때문에 언제 매수하더라도 금리(할인율)가 곧 투자수익률이 된다. 이를 산식으로 구해 보면 다음과 같다.

$$\text{투자수익률}(i) = \frac{\text{이익}}{\text{원금}} \times \frac{365}{\text{투자일수}}$$

$$= \frac{F-S}{S} \times \frac{365}{d}$$

$$= \left(\frac{F}{F/\left(1 + r\frac{d}{365}\right)} - 1 \right) \times \frac{365}{d}$$

$$= r$$

즉, CD의 투자수익률(i)은 금리(r)와 같다.

$$i = r$$

(i : 투자수익률, r : 금리)

CP와 CD의 원금 및 이자수익 금액의 차이

할인방식인 CD와 CP의 경우 만기에 액면금액을 수취하는 점은 같지만, CD는 이자수익을 후취하는 반면, CP는 이자수익을 선취하여 투자원금에서 차감하므로 동일한 조건이라면 CD가 CP에 비해 투자원금이 더 많아지게 되므로(바꿔 말하면, CD가 CP에 비해 이자수익이 더 적어지게 되므로) CD의 투자수익(률)이 CP의 투자수익(률)보다 상대적으로 더 낮을 수밖에 없다.

이는 CD와 CP의 계산식을 통해서 확인할 수 있다. 즉, 동일 조건 하에서 CP의 만기보유 이자수익에서 CD의 만기보유 이자수익을 빼면, 다음과 같은 산식으로 나타낼 수 있을 것이다.

$$\text{CP의 이자수익} - \text{CD의 이자수익} = F \times r \times \frac{d}{365} - S \times r \times \frac{d}{365}$$
$$= (F-S) \times r \times \frac{d}{365}$$

(S : CD의 현재가격(원금), F : 액면가액, r : 할인율(금리), d : 잔존일수)

그런데, CD 계산식($S + S \times r \times \frac{d}{365} = F$)에서 보면, $F - S = S \times r \times \frac{d}{365}$ 이므로 결국 $(F-S)$ 값은 'CD의 이자수익($S \times r \times \frac{d}{365}$)'이 되어 위 식은 다음과 같이 정리할 수 있을 것이다.

$$\text{CP의 이자수익} = \text{CD의 이자수익} + \text{CD의 이자수익} \times r \times \frac{d}{365}$$

즉, 'CP의 이자수익'은 'CD의 이자수익'보다 'CD의 이자수익에 대한 이자수익' 금액만큼 많다는 것을 확인할 수 있다.

4. 정기예금의 만기불일치 운용신탁

'금전을 수탁하여 은행 정기예금을 만기까지 보유'하는 '정기예금형 신탁'도 채권/CP 만기매칭형 신탁만큼이나 아주 단순한 운용구조를 지니고 있다. 경과이자 등이 없다는 측면에서 보면 투자자 입장에서는 훨씬 더 직관적이고 이해하기 쉬운 구조라고 볼 수 있다.

수탁재산 및 운용자산의 조합		신탁상품 또는 금융투자상품
금전신탁 + 원화, 고정금리 정기예금	⇒	정기예금형 신탁

그리고, 정기예금을 매수하여 만기보유한다는 입장에서 보면 앞에서 설명한 만기매칭형 신탁과 동일한 운용개념이라고 볼 수 있다. 우리나라 법인들의 정기예금 사랑은 유별나서 증권사 신탁업 초기에 3개월 이내 정기예금 위주로 잔고가 많이 늘어났다.

(1) 증권사에서 은행 예금을 운용하는 이유

그리고 항상 따라붙는 질문은 은행에 가서 예금에 가입하면 되지, 왜 증권사를 통해서 예금에 가입하느냐는 것이다. 물론 최소한의 보수만 수취하고 정기예금을 만기까지 보유하는 이유도 있지만, 수탁자인 신탁업자가 은행과의 지속적인 거래관계를 통해 신뢰가 형성되어 지금은 마치 은행 예금에 가입하는 또 하나의 채널이 된 셈이어서 은행을 통해 정기예금에 직접 가입하는 것과 금리도 별반 차이가 나지 않는다는 이유도 있다. 심지어는 은행 자금부가 급하게 큰 자금을 유치하고자 하는 경우 증권사의 자금 동원력을 활용하고자 일시적으로 높은 금리를 제공하는 경우도 종종 있어 이런 경우에는 신탁업자가 은행에게 금리 협상력을 발휘할 수 있는 토대가 될 수 있다.

물론 신탁업자에 대한 은행의 이 같은 금리 제공이 은행 자기 고객에 대한 금리 수준을 넘지 못한다는 것을 부인할 수는 없을 것이다. 그러나 증권사(신탁업자)가 은행의 정기예금을 수익자들에게 제공하는 것이, 정기예금 금리에서 신탁보수율을 차감함으로 인해 신탁 수익자에게 제공하는 수익률이 낮아지는 단점이 있을 수는 있으나, 그것이 일상적인 시장금리의 등락 수준을 넘어서는 결정적인 장애물이 되는 수준은 아니라는 점이다.

그리고 증권사에서 은행 예금을 운용하는 더 중요하고 결정적인 이유는 따로 있었다. 정기예금의 경우 만기 이전에 중도해지를 하면 당연히 예정된 금리를 받지 못한다. 하지만 증권사 신탁업 인가 초기에 정기예금에 운용의 개념을 도입하면서 이 부분을 파고들었다.

(2) 정기예금의 만기불일치 운용의 시작

법인용 MMF의 익일매수, 익일환매가 본격 시행됨에 따라 이에 익숙지 않은 시중의 법인 단기유동자금이 2006년 하반기부터 펀드에서 서서히 이탈하였다. 이에 대한 대안으로 증권사 신탁은 만기 이전의 정기예금을 같은 수탁자의 서로 다른 신탁계약 간에, 서로 사고파는 개념을 도입하여 이를 만기불일치 방식으로 운용하며 법인

고객들의 자금을 유치하여 잔고를 늘렸다.

만기불일치 방식이란, 대변의 신탁계약의 만기와 차변의 운용자산의 만기를 달리하여 운용하는 것을 말하는 것으로서 보통 신탁계약의 만기보다 운용자산의 만기를 길게 운용함으로써 신탁계약의 만기시점에 운용자산을 매도하여 출금하는 방식을 말한다. 그런데 정기예금은 신탁업자인 수탁자의 명의로 되어 있기 때문에 이를 일부분만 떼어 시장의 다른 매수자에게 매도할 수가 없으므로, 같은 수탁자의 한쪽 신탁계약에서 정기예금을 매도하고 동시에 같은 수탁자의 다른 신탁계약에서 그 정기예금을 매수함으로써 앞서 매도한 그 한쪽 신탁계약의 해지에 응하는 방식이다. 이것이 바로 그 어감도 좋지 않은 '정기예금 자전거래'이다.

그러나 당시 증권사 신탁이 아무런 근거 없이 이를 감행한 것은 아니었다. 증권사 신탁이 주장한 근거는 다음과 같았다.

자본시장과 금융투자업에 관한 법률

제108조(불건전 영업행위의 금지) 신탁업자는 다음 각 호의 어느 하나에 해당하는 행위를 하여서는 아니 된다. 다만, 수익자 보호 및 건전한 거래질서를 해할 우려가 없는 경우로서 **대통령령으로 정하는 경우**에는 이를 할 수 있다.
  5. 신탁재산으로 그 신탁업자가 운용하는 다른 신탁재산, 집합투자재산 또는 투자일임재산과 거래하는 행위

자본시장과 금융투자업에 관한 법률 시행령

제109조(불건전 영업행위의 금지) ① 법 제108조 각 호 외의 부분 단서에서 "대통령령으로 정하는 경우"란 다음 각 호의 어느 하나에 해당하는 경우를 말한다.

3. 법 제108조 제5호를 적용할 때 같은 신탁업자가 운용하는 신탁재산 상호 간에 자산을 동시에 한쪽이 매도하고 다른 한쪽이 매수하는 거래로서 다음 각 목의 어느 하나에 해당하는 경우. 이 경우 매매가격, 매매거래 절차 및 방법, 그 밖에 필요한 사항은 금융위원회가 정하여 고시한다.
   가. 신탁계약의 해지(일부해지를 포함한다)에 따른 해지금액 등을 지급하기 위하여 불가피한 경우
   나. 그 밖에 금융위원회가 수익자의 이익을 해칠 염려가 없다고 인정하는 경우

금융투자업규정

제4-90조(신탁재산 상호간의 거래) ① 영 제109조 제1항 제3호에 따라 같은 신탁업자가 운용하는 신탁재산 상호 간에 자산을 동시에 한쪽이 매도하고 다른 한쪽이 매수하는 거래(이하 이 조에서 "자전거래"라 한다)를 하는 경우에는 다음 각 호의 요건을 모두 충족하여야 한다.
1. 증권시장 등을 통한 처분(다자간매매체결회사를 통한 처분을 포함한다)이 곤란한 경우 등 그 불가피성이 인정되는 경우일 것(이거나 해당 자전거래와 관련된 신탁의 수익자 모두가 서면, 전화녹취 등의 방법으로 사전에 해당 자전거래에 명시적으로 동의한 경우일 것〈추후 개정됨〉)
2. 제7-35조 제2항에 따른 부도채권 등 부실화된 자산이 아닐 것
3. 당해 신탁의 수익자의 이익에 반하지 않는 거래일 것
4. 당해 신탁약관의 투자목적 및 방침에 부합하는 거래일 것

즉, 자전거래가 원칙적으로 불건전 영업행위에 속하지만 운용자산의 시장 처분이 불가하고, 부실화된 자산이 아니며 수익자의 이익에 반하지 않는 등, 법과 시행령 및 규정에서 예외로 정하는 기준 그대로를 충족하고 있기 때문에 위 예외규정을 적용하여, 증권사 신탁은 정기예금 자전거래가 가능하다는 입장이었다. 수익자인 법인고객들은 그들의 자금 운용지침으로 분류되어 있는 안전한 정기예금으로 운용하면서도 당일 출금이 가능하였으므로 이를 환영하는 입장이었고, 감독당국도 초기에는 이를 인정하여, 2007년~2011년 4년여의 기간 동안 정기예금 운용의 시대를 구가하며 잔고가 급격히 증가할 수 있었다. 더구나 그사이 2008년 9월에 리먼 브라더스 사태가 발발했음에도 안전자산인 예금으로 운용하여 신용사건의 이슈가 전혀 발생하지 않아 오히려 잔고가 더 크게 늘어나는 계기가 되었다.

운용하는 예금의 종류도 다양해져 일반 원화 고정금리 정기예금을 운용하는 신탁상품뿐만 아니라, 그때그때 시장금리를 반영하여 이자를 지급하는 CD연동 정기예금을 운용하는 신탁상품, 이자율스왑(IRS, Interest Rate Swap)을 이용하여 일반 정기예금보다 금리를 높인 신탁상품, 외환스왑(FX Swap)을 통해 외화예금을 높은 금리의 원화 고정금리로 바꾸는 신탁상품 등을 개발하여 잔고를 늘리게 되었다.

달리 말하면, 증권사 신탁업자 입장에서는 누구나 매수할 수 있는 일반적인 운용자산은 투자자인 수익자가 언제든 직접 매수하여 운용할 수 있어 굳이 신탁을 통해야 할 필요성이 떨어질 것이므로, 수익자에게 신탁을 이용하게 할 충분한 명분을 제공할 필요가 있었다. 즉, 추가적인 위험을 부담하지 않으면서도 금리를 높여주는 것이다. 이에 증권사 신탁은 시장과 시장 사이의 불균형이 발생하는 경우(원화시장 대 외화시장, 고정금리시장 대 변동금리시장 등) 그 차익거래의 기회를 포착하여 추가적인 위험을 부담하지 않으면서도 수익률을 높일 수 있도록 이러한 개념을 상품화하였고 결과적으로 잔고도 크게 늘릴 수 있었다.

그러나 증권사 신탁의 이러한 노력들이 다른 업권에 비해 '규제 차익'을 누리고 있기 때문이라는 시각이 존재했고, 또한 시장의 급격한 환경 변화나 유동성 부족 사태가 닥칠 경우에 시장매각이 불가한 정기예금으로는 출금에 제대로 대응할 수 없을 것이라는 불안감도 항상 잠재되어 있었던 것도 부인할 수 없는 사실이었다. 이에 감독당국이 "자전거래의 경우 불가피한 경우에만 행하는 것으로 규정하고 있으나 증권사가 이를 일반화시켜 운용의 한 방편으로 사용하고 있다"고 해석, 2011년 3월에 정기예금 자전거래에 대한 신규운용을 중단시키고 당해 연도 말까지 유예를 두어 기존 정기예금 운용자산의 자전거래를 해소하도록 지시하였다(그 결과로 2011년 하반기 이후부터 자산유동화 기업어음증권(ABCP)의 시대가 활짝 열리는 계기가 되었다).

그럼 이제부터 일반적인 정기예금 이외에 장외파생상품 등을 활용해서 어떤 금융투자상품이나 신탁상품들을 개발하고 운용했는지, 또 실제로 어떻게 추가적인 위험 부담 없이 수익률을 높일 수 있었는지 구체적으로 살펴보도록 하자. 결국 이렇게 과거 사례를 복기를 하는 이유는, 여전히 자금을 운용하는 있는 현재 시점에서 과거로부터 어떠한 통찰력과 영감을 얻고자 하는 데 그 목적이 있다고 강조하고 싶다.

(3) CD연동 정기예금

일반적인 정기예금에 가입하면 가입일(매수일)에 원금을 넣고 만기일에 최초에 정해진 금리로 해당일수만큼 곱한 금액을 이자금액으로 하여 원금에 더해 받을 것이다.

그러나 CD연동 정기예금은 이자금액을 계산함에 있어 전체 예금만기 동안의 금리를 예금 가입시점에는 알 수 없고, (만약 3개월마다 금리가 새로 정해진다면) 최초 3개월간의 이자금액만 알 수 있다. 이후 잔존만기 동안의 이자금액은 향후 시간이 경과하면서 사후적으로밖에 알 수가 없다.

다음과 같은 조건을 가정하고 사례를 통해 알아보자.

- 투자원금 100억 원
- 만기 1년(2009. 09. 16. ~ 2010. 09. 16.)
- 금리 CD + 1.00%
- 현재 CD금리(3개월) 2.62%
- 금리 3개월마다 결정(직전영업일 고시 3개월 CD금리)
- 이자금액 3개월마다 후급

위 CD연동 정기예금 중 이자금액의 현금흐름은 최종적으로는 다음과 같을 것이다.

구분	1회차	2회차	3회차	4회차	합계
투자원금	10,000,000,000				
금리	CD+1.00%				
금리 결정일	2009.09.15	2009.12.15	2010.03.15	2010.06.15	
CD금리 (3개월)	2.62%	2.79%	2.83%	2.45%	
적용금리	3.62%	3.79%	3.83%	3.45%	
시작일	2009.09.16	2009.12.16	2010.03.16	2010.06.16	
종료일	2009.12.16	2010.03.16	2010.06.16	2010.09.16	
운용일수	91	90	92	92	365
이자금액	90,252,054	93,452,054	96,536,986	86,958,904	367,199,998

다만, 최초 가입일인 2009. 09. 16.에는 1회차의 이자금액만 알 수 있을 뿐이고, 마지막 구간의 금리 결정일인 2010. 06. 15.(장 마감 후 고시 금리)이 되어야 최종적인 전체기간의 금리를 알 수 있으며, 이 금액을 만기일인 2010. 09. 16.에 원금과 함께 받게 될 것이다. 따라서 위 예금의 최종 금리는 결과적으로 3.67%(=이자금액/원금×365/투자일수)가 될 것이지만, 가입일 시점에서는 이를 알 수 없다는 뜻이다.

이는 변동금리형 채권인 FRN(Floating Rate Note)의 경우도 마찬가지로서, 다만 FRN은 채권이므로 예금과 달리 현재 단가를 계산하기 위해서는 향후 발생할 현금흐름(쿠폰금액)을 추정하여 이를 현재 시장금리로 할인하여야 하므로, 이때는 현재의 CD금리를 적용하여 계산한 쿠폰금리가 만기까지 변동 없다는 가정하에 채권의 가격을 계산한다. 이는 뒤에서 언급하기로 한다.

(4) 이자율스왑(IRS) 정기예금

'이자율스왑(또는 금리스왑) 정기예금'을 이해하기 위해 먼저 이자율스왑에 대해 간략하게 알아보자.

우선 이자율스왑의 개념에 대해 정리해 보자.

❖ 이자율스왑

이자율스왑(IRS, Interest Rate Swap)은
① 거래당사자 간에
② 동일한 명목원금을 기준으로
③ 서로 다른 이자율을 적용하여 계산된 이자지급금액을
④ 상호 협의된 기간에 걸쳐
⑤ 당사자간 서로 주고받기로 한
⑥ 장외파생상품이다.

명목원금
스왑계약 당사자간에 교환하게 될 이자금액을 계산하기 위하여서는 이자율, 이자계산기간 그리고 이자율이 적용될 원금이 필요하다. 이자율스왑을 통하여 계약당사자간 이자의 상호교환은 이루어지나 원금의 교환은 이루어지지 않는다. 단순히 교환될 이자금액을 계산하기 위한 기준으로 원금이 사용되며, 이러한 이유로 명목원금이라 불린다.

서로 다른 이자율
이자율스왑을 통해 서로 주고받는 이자율은 보통 '고정금리'와 '변동금리'를 뜻한다(경우에 따라 3개월 변동금리와 6개월 변동금리를 교환할 수도 있을 것이며, 3년 고정금리와 5년 고정금리의 교환도 가능할 것이다. 거래기관 간의 스왑 거래목적과 일치하게 이자율 기준을 변경하여 사용할 수 있으므로 그

유형은 매우 다양하게 확장되어 사용될 수 있을 것이다).

우리나라의 경우, 주고받는 금리 중 '변동금리'는 3개월(또는 91일) CD금리를 기준으로 하는 것이 일반적이다. 계약을 체결하는 시점에서는 향후 계약기간의 종료시점에 주고받을 변동금리가 정확히 얼마가 될 것인지 알 수는 없지만 그 기준이 되는 '변동금리'는 CD금리(3개월)로 결정하자는 의미이다.

이자 지급금액 및 상호 협의된 기간

이자 지급금액은 거래당사자간 상호 교환되는 이자금액이다. 그리고 이자금액을 계산하기 위하여 위에서 정의한 '명목원금', '이자율' 이외에 '기간'이 필수적이다.

이자 지급금액은 보통 '명목원금 × 이자율(연기준) × 이자기간(일수) ÷ 1년 일수'로 계산되며(우리나라 이자율스왑의 경우 일반적으로 '1년 일수'는 윤년과 관계없이 '365'일로 하여 계산한다), 지급하는 또는 수취하는 이자금액을 상쇄하고 그 잔액만 지급 또는 수취하면 된다.

이자율스왑의 거래당사자 각자 고정금리와 변동금리를 택하는 기준은 향후 시장에 대한 전망이 달라서 일 수도 있지만, 각자가 가지고 있는 자산의 포지션이 달라서 일 수도 있을 것이다. 그리고 서로 다른 이자율을 아무런 기준 없이 주고받는 것이 아니라 변화하는 시장환경을 반영하여 스왑은행(Swap Bank)에 의해 공정하게 결정된 금리로 교환한다.

이자율스왑을 이용하여 금리를 변환하고자 하는 경우를 사례로 알아보자.

- 명목원금 100억 원
- 투자기간 1년
- 현재 CD금리(3개월) 2.81%
- 1년 IRS 금리 중간값 3.51%(Receive 3.50%, Pay 3.52%)라고 가정해 보자.

  * IRS 금리를 받을 때(Receive)는 낮은 금리로, 줄 때(Pay)는 높은 금리로 해야 거래가 될 것이므로 호가 차이에 의해 두 금리 간에 차이가 발생한다.

'스왑이용자 입장에서' 변동금리를 고정금리로 바꾸고자 하는 경우에는 아래 그림과 같이 IRS Receive 포지션을 취하면 된다.

[IRS Receive]

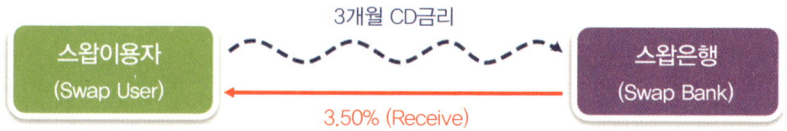

구체적으로, '교환하고자 하는 변동금리(3개월 CD금리)의 스왑기간(1년) 동안의 대가'인 'IRS 금리(1년 IRS Receive 3.50%)'를 수취하여 고정금리로 변경하고자 하는 경우에는 IRS Receive 포지션을 취하면 된다.

반대로 '스왑이용자 입장에서' 고정금리를 변동금리로 바꾸고자 하는 경우에는 아래 그림과 같이 IRS Pay 포지션을 취하면 된다.

[IRS Pay]

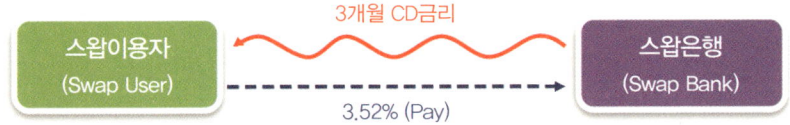

구체적으로, '교환하고자 하는 변동금리(3개월 CD금리)의 스왑기간(1년) 동안의 대가'인 'IRS 금리(1년 IRS Pay 3.52%)'를 지급하여 변동금리(CD금리)로 변경하고자 하는 경우에는 IRS Pay 포지션을 취하면 된다.

IRS Receive냐, IRS Pay냐는 '기준이 되는 변동금리(CD금리)의 스왑기간 동안의 대가'인 'IRS 금리'를 수취하느냐(Receive), 지급하느냐(Pay)의 차이라고 볼 수 있다. 즉, 스왑이용자의 입장에서 고정금리(IRS 금리)를 수취하면 IRS Receive, 고정금리(IRS 금리)를 지급하면 IRS Pay라고 한다.

자칫 혼동해선 안 되는 것은, '교환하고자 하는 변동금리(3개월 CD금리)의 스왑기간 동안의 대가'가 'IRS 금리'인 것이지, 그 대가로 수취 또는 지급하는 금리는 CD금리라는 것이다.

즉, 위의 'IRS Receive' 사례에서 보면 최초 3개월 동안은 현재 CD금리인 2.81%를 지급하고, IRS Receive 금리인 3.50%를 수취하는 것이라는 의미이다. 수취하는 입장에서 보면 연 +0.69%(=3.50%−2.81%)로 이익이지만, 이는 향후 3개월에 국한된 얘기로 그 이후에 금리가 더 오를지 모르는 잠재적 위험의 감수에 대한 대가인 셈이다.

거꾸로, 위의 'IRS Pay' 사례에서 보면 최초 3개월 동안은 IRS Pay

금리인 3.52%를 지급하고, 현재 CD금리인 2.81%를 수취하는 것이라는 의미이다. 지급하는 입장에서 보면 연 −0.71%(=2.81%−3.52%)로 손실이지만, 이는 향후 3개월에 국한된 얘기로 그 이후에 금리가 더 오를지 모르는 잠재적 위험의 회피에 대한 비용인 셈이다.

이자율스왑 정기예금의 운용

그럼 앞서 설명한 'CD연동 정기예금(변동금리)'과 '이자율스왑(IRS Receive)'을 활용하여 '이자율스왑 정기예금' 신탁상품을 만드는 경우를 수탁자인 신탁업자의 입장에서 예로 들어보자.

각각의 자산운용 조건을 요약하여 기술하면 다음과 같다.

CD연동 정기예금	IRS Receive
• 투자원금 100억 원	• 명목원금 100억 원
• 만기 1년(2009. 9. 16.~2010. 9. 16.)	• 기간 1년(2009. 9. 16.~2010. 9. 16.)
• 금리 CD(3개월)+1.00%	• 고정금리(지급자) : 3.50%(스왑은행)
• 직전일 현재(2009. 9. 15.) CD금리 2.62%	• 변동금리(지급자) : CD금리 91일물 (신탁업자)
• 이자금액 3개월마다 후급	• 3개월 후부터(2009. 12. 16.) 분기 지급
• 금리 3개월마다 결정	• 매 회차 시작일의 1영업일 전 금리결정

위의 2가지 운용방법의 결과값을 수익률로 나타내면 다음과 같다.

운용방법	수익률
CD연동 정기예금	CD+1.00%
IRS Receive	3.50%−CD
합계	4.50%

즉, 다음 그림과 같이 'CD연동 정기예금(변동금리)'의 가입자로서 받게 되는 CD금리와 '이자율스왑(IRS Receive)'의 변동금리 지급자로서 지급하게 되는 CD금리가 서로 상쇄됨으로써 결과적으로 신탁업자는 시장금리의 변동위험과 관계없이 연 4.50%(=1.00%+3.50%)의 수익률을 얻을 수 있게 된다.

[CD연동 정기예금＋IRS Receive]

2가지 운용방법을 합산하여 일자별로 실제 현금흐름을 계산하면 다음과 같다.

구분		1회차	2회차	3회차	4회차	합계
CD연동 정기예금	투자원금	10,000,000,000				
	금리	CD+1.00%				
	금리 결정일	2009. 09. 15.	2009. 12. 15.	2010. 03. 15.	2010. 06. 15.	
	CD금리 (3개월)	2.62%	2.79%	2.83%	2.45%	
	적용금리	3.62%	3.79%	3.83%	3.45%	
	시작일	2009. 09. 16.	2009. 12. 16.	2010. 03. 16.	2010. 06. 16.	
	종료일	2009. 12. 16.	2010. 03. 16.	2010. 06. 16.	2010. 09. 16.	
	운용일수	91	90	92	92	365
	이자금액	90,252,054	93,452,054	96,536,986	86,958,904	367,199,998
IRS Receive	명목원금	10,000,000,000				
	시작일	2009. 09. 16.	2009. 12. 16.	2010. 03. 16.	2010. 06. 16.	

구분		1회차	2회차	3회차	4회차	합계
	종료일	2009. 12. 16.	2010. 03. 16.	2010. 06. 16.	2010. 09. 16.	
	일수	91	90	92	92	365
	고정금리 지급자	스왑은행				
	고정금리	3.50%				
	고정금리 수취금액	87,260,273	86,301,369	88,219,178	88,219,178	
	변동금리 지급자	신탁업자				
	변동금리	2.62%	2.79%	2.83%	2.45%	
	변동금리 지급금액	65,320,547	68,794,520	71,331,506	61,753,424	
	스왑차액	21,939,726	17,506,849	16,887,672	26,465,754	82,800,001
합계	합산금액	112,191,780	110,958,903	113,424,658	113,424,658	449,999,999

* 원 미만 절사하여 계산상 1원의 차이가 발생함

'CD연동 정기예금(변동금리)'과 '이자율스왑(IRS Receive)'에서 표현만 다소 차이가 날 뿐, 각각의 현금흐름이 발생하는 일자가 일치하므로 2가지 운용방법에 따른 위험이 서로 상쇄되어 CD금리가 어떻게 변동되더라도 앞서 살펴본 이론적인 수익률과 같은 이자수익률(4.50% =이자금액/원금×365/투자일수=4.5억/100억×365/365)이 결정됨을 확인할 수 있다.

실제로 당시 1년 만기의 일반 정기예금 금리는 3.80% 정도로서 이자율스왑 예금의 수익률이 0.70% 정도 높은 수준이었다. 또한 CD연동 정기예금에 가입한 은행도, IRS를 체결한 스왑은행도 모두 국내 최고 신용등급의 은행으로서, 결과적으로 앞서 언급한 대로 정기예금과 장외파생상품을 이용하여 추가적인 위험 부담 없이 수익률을 높일 수 있었다. 그러나 시장은 항상 새로운 균형을 찾아가게 되므로 이러한 차익거래의 기회가 늘 유효할 수는 없는 법이다.

덧붙이자면, 신탁상품이나 새로운 운용방법은 금융기관의 상품개발 담당자의 전유물이 아니다. 가령 기관투자자나 법인의 자금 담당자가 자금운용이나 관련 사업을 추진하면서 우연히 접하게 되는 투자기회를 신탁이라는 기구(Vehicle)를 통해 운용지시만으로 쉽게 투자 아이디어를 구현을 할 수 있기 때문이다. 따라서 이 같은 투자기회가 생기게 되는 경우 증권사가 이를 새로운 상품으로 만들어 주기를 기다리지 말고 이러한 아이디어를 신탁으로 구현할 수 있는지만 체크한 후 투자를 결정하면 된다.

(5) 외환스왑(FX Swap) 정기예금

'외환스왑 정기예금'을 이해하기 위해 먼저 외환스왑(FX Swap)에 대해 간략하게 알아보자.

❖ 외환스왑

외환스왑(FX Swap, Foreign Exchange Swap)은
① 거래당사자 간에
② 일정기간 동안 서로 다른 통화를 교환하여 사용할 목적으로
③ 현재 시점에 현재의 환율로 교환하고
④ 일정기간 후 미래 시점에
⑤ 미리 정한 환율로 다시 반대로 교환하는
⑥ 장외파생상품이다.

외환현물(FX Spot, 현물환)
외환을 현재의 환율로 시장에서 매수 또는 매도하는 거래

외환선도(FX Forward, 선도환)
미래의 특정 일자에, 특정 외화를, 미리 정하여진 환율로 매수 또는 매도하는 거래

* 표준화하여 규격화한 장내파생상품인 선물(Future)과는 구분하여 선도(Forward)로 불림

외환스왑(FX Swap) = **외환현물**(FX Spot, 현물환) + **외환선도**(FX Forward, 선도환)

외환스왑은 현물환 거래와 선도환 거래가 합쳐진 개념으로서, 현물환과 선도환이 서로 반대 방향으로 교환이 이루어지는 거래

① Buy & Sell : 외화를 가까운 일자(near leg)에 사고 먼 일자(far leg)에 파는 거래
② Sell & Buy : 외화를 가까운 일자(near leg)에 팔고 먼 일자(far leg)에 사는 거래

스왑포인트(Swap Point)
스왑포인트는 외환스왑에서 가장 중요한 개념으로서 선도환율(Forward Rate)에서 현물환율(Spot Rate)을 차감한 값이다.

> 스왑포인트 = 선도환율 − 현물환율

선도환율은 '무위험 금리평가(平價)이론'에 의해 결정되는데, 이는 '자유로운 자본이동하에서 무위험의 국내금융자산과 외국금융자산이 동일기간 동안 똑같은 수익률을 창출하도록 환율이 결정된다'고 보는 이론이다. 현물환율은 시장에서 결정되므로 선도환율이 결정되면 스왑포인트

는 위 산식에 의해 자동으로 결정된다.

일자(일수)	금액(USD)	환율	금액(KRW)
2024. 05. 08.	1,000,000.00	1,365.00	1,365,000,000
365일	5.00%	−13.00	4.00%
2025. 05. 08.	1,050,000.00	1,352.00	1,419,600,000

위의 표에서 보는 바와 같이 현재 시점에서 동일한 가치의 두 통화(미달러, 한국원)로 투자한 동일한 무위험 자산 USD 1년 금리가 5%이고, KRW 1년 금리가 4%라고 할 때, 두 자산의 1년 후의 가치가 같아지게 하는 환율(1,352원=1,419,600,000원/1,050,000달러)이 현재 시점의 1년 선도환율이다. 따라서, 스왑포인트는 −13.00원(=1,352원−1,365원)이다.

즉, USD 금리가 KRW 금리보다 높을 경우에는 USD 금리를 KRW 금리 수준으로 더 낮춰주기 위해 스왑포인트가 (−)가 된다.
반대로, USD 금리가 KRW 금리보다 낮을 경우에는 USD 금리를 KRW 금리 수준으로 더 높여주기 위해 스왑포인트가 (+)가 된다.

그리고 현물환율도 장중에 계속 변하고, 양국의 국채금리(무위험 금리)도 장중에 지속적으로 움직이므로 그에 따라 스왑포인트도 장중에 조금씩 변동한다. 따라서 장외로 거래되는 선도환율을 구하기 위해서는 현재의 '현물환율'과 '스왑포인트'를 조회한 후 이를 합산하여 선도환율을 구한다(현물환율+스왑포인트=선도환율).

외환스왑을 이용하여 외화정기예금을 원화로 투자하고 원화로 상환받는 경우를 사례를 통해 알아보자.

- 외화정기예금 USD 1,000,000
- 만기 1년(2024. 05. 09.~2025. 05. 09.)
- 정기예금 금리(USD 기준) 5.00%
- 현물환 1,365.00원
- 스왑포인트 1년 －13.50원이라고 가정해 보자.

외환스왑의 자금흐름 구조를 그림으로 표시하면 다음과 같다.

[외환스왑 정기예금]

외환스왑 정기예금을 운용하기 위해서는 우선 ① 가입일에 스왑은행에 원화를 주고 ② 외화를 받은 후 이를 ③ 예금은행에 외화로 입금하여야 할 것이다. 이후 ④ 외화예금의 만기일에 예금은행에서 만기 원리금을 외화로 수령한 후 ⑤ 이를 이미 정해진 환율로 스왑은행에 주고 ⑥ 이미 정해진 원화금액을 스왑은행에게서 받는 절차로 이루어질 것이다.

결과적으로 신탁업자는 ① 가입일에 원화를 주고 ⑥ 만기일에 이미 정해진 환율로 원화 원리금을 받게 되며, 주목해야 할 점은 이 모든 금액이 투자시작일에 전부 확정되는 금액이므로 시장금리나 환율의 변동에 영향을 받지 않는 구조라는 점이다.

다음의 표를 이용하면 위 사례를 보다 쉽게 이해할 수 있다. 아래 표에서 옅게 표시한 굵은 화살표의 방향대로 절차를 따라가면 전체 흐름을 보다 쉽게 파악할 수 있을 것이다(가입일에 KRW로 출발해서 만기일에 KRW로 종료하는 흐름으로서 이를 엑셀문서에 산식으로 표현하면 최종적으로 원화수익률을 어렵지 않게 구할 수 있다).

일자(일수)	금액(KRW)	환율(스왑포인트)	금액(USD)
2024. 05. 09.	1,365,000,000	1,365.00	1,000,000.00
365일	54,075,000	−13.50	50,000.00
2025. 05. 09.	1,419,075,000	1,351.50	1,050,000.00
수익률	3.96%		5.00%

'가입일에 13.65억 원을 주고 1,365원의 환율로 환전하여 USD 1,000,000을 받아서 1년 5% 외화예금에 가입한 후, 만기일에 외화 원리금을 이미 정해진 환율(1,351.5원=1,365원−13.5원)로 USD 1,050,000을 원화로 환전하여 14.19억 원을 수취하면 결과적으로 0.54억 원 정도의 수익이 나고, 이는 원화기준으로 3.96%의 수익률이 된다'는 의미이다.

5. 다양한 자산을 기초로 한 자산유동화 기업어음증권 (ABCP)의 운용

정기예금의 장점인 자산의 안전성을 최고의 미덕으로 여기던 법인 고객들은 정기예금의 최대 단점인 만기 이전 환금성에 대한 고민을 그동안 자전거래를 통해 해결할 수 있었으나, 앞서 언급한 대로 2011년 3월 이후 신규운용이 중단되고 말았다. 결과적으로 정기예금의 대안이 되는 새로운 운용자산에 요구되는 필수 덕목은 무엇보다 자산의 '안전성'과 '유동성'이었다. 물론 신용등급이 높은 안전한 기업이 발행하는 만기가 짧은 일반 CP가 어느 정도 그 수요를 채워주고는 있었고, 부동산PF ABCP도 그 이전부터 발행되어 왔지만, 그래도 정기예금의 빈자리를 메우기에는 발행 규모 면에서부터 자산의 안전성 측면까지 고려해 봤을 때 크게 역부족이었다.

그래서 대표적으로 등장한 대안이 정기예금을 유동화한 '정기예금 ABCP'였다. 정기예금 ABCP도 그 이전부터 발행이 되어 왔지만 발행 비용이 발생할 것이므로 그 금리로 보나, 거래의 편의성으로 보나 정기예금에 많이 밀릴 수밖에 없었지만, 2011년 하반기 이후에는 더 이상 선택지가 없었으므로 본격적으로 랩, 신탁 채권형 상품의 주된 운용자산으로 등극하여 발행이 급증하게 되었다.

정기예금을 기초로 발행한 '정기예금 ABCP'뿐만 아니라, 이후 외화채권(외화대출채권)을 기초로 한 '외화(대출)채권 ABCP', 매출채권, 대출채권 등 각종 금전채권을 기초로 한 각종 '금전채권 ABCP', CDS(Credit Default Swap)를 기초로 발행하는 'Synthetic ABCP(또는

CDS ABCP)', 공모사채 또는 사모사채 등을 기초로 발행하는 'Repackage ABCP', 중국계 및 중동계 은행 등의 외화정기예금을 기초로 발행하는 '외화정기예금 ABCP' 등 연이어 여러 가지 자산을 기초로 하여 자산유동화증권(ABCP)을 발행함으로써 이를 채권형 랩과 채권형 신탁 계정에서 주요 자산으로 운용하였고, 그때부터 '자산유동화 기업어음증권(ABCP)'의 시대가 활짝 열리는 계기가 되었다 (이는 그 이후 자산유동화 단기사채(ABSTB)의 발행으로도 계속 이어졌다).

이하에서는 증권사 신탁이 정기예금의 대안을 찾기 위해 어떤 자산들을 운용했는지(그중에서도 어떤 ABCP를 운용했는지), 그리고 그 자산들의 기본적인 구조는 어떻게 이루어져 있는지를 하나씩 살펴보도록 하자.

(1) 정기예금을 기초로 한 ABCP

정기예금 ABCP는 기초자산인 정기예금의 가입 당일에 예치은행에 정기예금에 가입하면 기초자산을 확보할 수 있으므로 비교적 간단한 구조를 가지고 있다. 즉, 일반적으로 정기예금에 가입하면 가입일에 은행에 원금을 넣고, 최초에 정해진 금리로 만기일에 해당 기간만큼 적용한 금액을 이자금액으로 하여, 이를 원금에 더해 받을 것이므로 현금흐름이 비교적 단순하여 정기예금의 원금과 금리, 기간만 확정하면 ABCP 발행에 따른 현금흐름을 비교적 수월하게 설계할 수 있기 때문이다.

다만, 정기예금 만기일에 SPC가 원리금을 수령할 때 이자수익에 대한 세금을 원천징수한 후의 금액으로 수령하고, 이후 SPC가 법인세 신고 후 이를 환급받을 것이므로 이에 대한 현금흐름을 미리 감안하여 발행 구조를 설계할 수 있도록 유의해야 할 것이다.

그리고 유동화증권(ABCP) 발행 시 한 가지 더 주의할 점은, 유동화증권을 발행하여 모집한 금액으로 기초자산인 정기예금을 매수하지 않도록 하여야 한다는 점이다. 이는 아무리 발행 당일 중에 기초자산이 확보된다 하더라도, 유동화증권 발행 시점에 기초자산이 없는 상태에서 유동화증권을 발행하여 자금을 모집하는 것은 관련 법 위반 소지가 있기 때문일 것이다. 따라서 유동화증권 발행 시 주관회사는 당일 중이라도 기초자산 확보를 위한 자금을 먼저 차입하여 기초자산을 확보한 후에, 유동화증권을 발행하여 자금을 회수한 후 이를 당일 중에 자금을 상환하는 방식으로 발행 계획을 세워야 한다.

이를 반영하여 정기예금 ABCP 발행 절차를 그림으로 나타내면 다음과 같다.

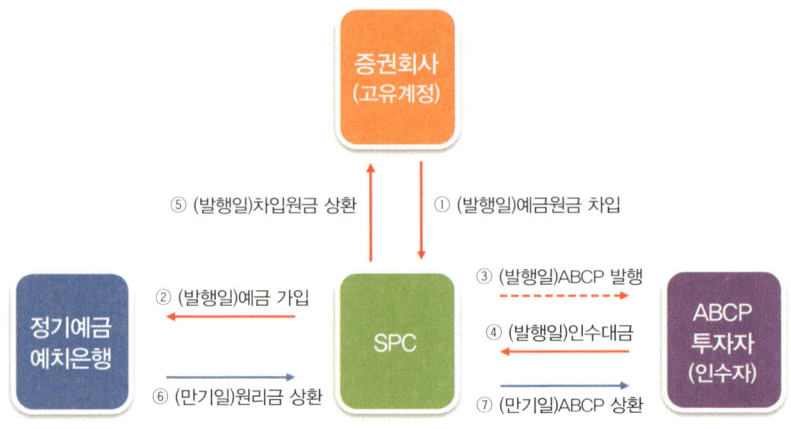

만기 1년 이상 또는 투자자가 50인 이상인 CP를 발행하고자 하는 경우 증권신고서를 제출하여야 하므로, 그렇게 되면 정기예금 ABCP 발행의 적시성이 확연하게 떨어질 것이므로 해당 규정을 적용받지 않기 위해 보통 1년 만기 정기예금 ABCP는 364일을 잔존만기로 하여 발행된다. 그리고 ABCP 액면가액은 주로 50억 원으로 하여 거래가 이루어지므로 발행수량도 50장이 넘지 않도록 액면총액 2,450억 원(=50억 원×49장) 정도로 발행하는 것이 일반적이다.

물론 ABCP의 발행 총액은 정기예금의 예치기관인 은행과의 협의하에 발행 주관사가 결정하고, 주관사(또는 인수사)는 철저히 시장의 매수 수요를 바탕으로 발행 총액을 결정할 것이다. 그렇지 않으면 인수사에게 뜻하지 않은 물량 부담을 떠안게 하는 경우가 발생할 수 있어 향후 지속적인 영업에 차질이 발생할 수 있기 때문이다.

그리고 만기 이자금액에 대한 원천징수세액의 환급분에 대한 유동화증권은 법인세 신고 후 환급기간을 고려하여 정기예금의 만기가 1년이라고 가정할 때 보통 6개월 정도 더 긴, 1년 6개월 정도의 사모사채(할인채)로 발행하는 것이 일반적이다. 사모사채는 유동성이 떨어져 시장에서 선호되지 않지만, 만기 1년 이상인 CP를 발행하기 위해서는 증권신고서를 제출해야 하기 때문에 발행의 편의성과 적시성을 확보하기 위해서 보통 사모사채로 발행하는 것이 일반적이다.

(2) 외화채권(외화대출채권)을 기초로 한 ABCP

금융시장이 어떠한 충격으로 인해 불균형이 발생했을 때 가장 크게 그 차이를 보이는 것 중의 하나가 원화시장과 외환시장 사이의 불균형이 아닌가 싶다. 이 둘은 사실 동일한 신용위험임에도 불구하고 환율 또는 시장접근성의 차이에 의해 쉽게 그 차이가 좁혀지지 않는 경우가 허다하다.

예를 들어 국내 대기업이 '국내에서 발행한 원화채권'과 '해외 금융기관을 상대로 외화로 발행한 채권(또는 대출채권)'의 경우 본질적으로 그 신용위험은 동일하겠지만 자산 내용의 복잡성으로 인한 유동성 측면으로 보나, 그러한 자산에 대한 접근성 측면으로 보나 그 금리 차이는 클 수밖에 없을 것이다. 거꾸로 해석하면, 이런 경우 차익거래의 기회가 발생하고 이를 상품으로 만들 수 있는 것이다.

그 2가지 자산의 금리 차이가 부당한 것으로 볼 필요도 없고, 또 그러한 차익거래를 새로운 기회로 보고 투자를 감행하는 투자자에 대해 불편한 시각으로 볼 필요도 없다. 오히려 이러한 시장의 기회와 흐름을 잘 이용하여 운용하는 것이 현명한 방법일 수도 있다. 이렇게 해서 새로운 시장참여자의 신규 시장진입이 계속 이어지면 서서히 가격이 높아질 것이고, 이런 과정을 통해 시장 차익거래의 기회 또한 서서히 사라지게 될 것이다. 원래 시장은 이와 같은 과정을 통해 균형을 찾아가는 법이다.

외화채권(또는 외화대출채권)을 기초로 원화 유동화증권을 발행하는 구조를 보면 다음과 같다(발행 당일에 증권사 고유계정에서 자금을 차입한 후 당일 중 상환하는 과정은 그림에서 생략하였다).

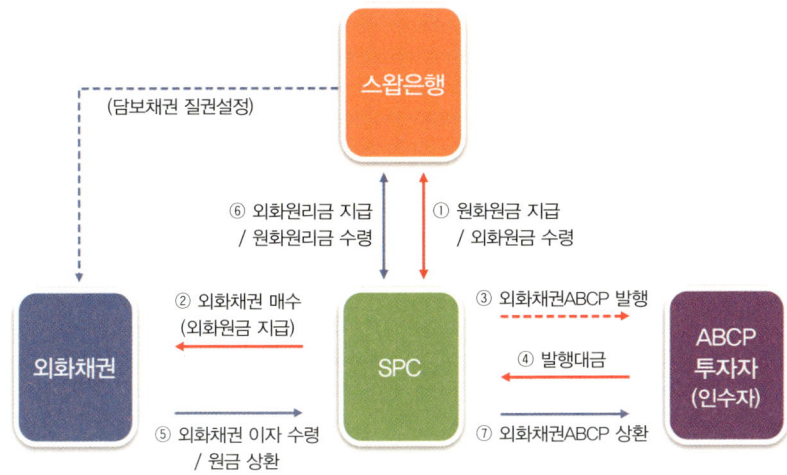

앞서 설명한 외환스왑(FX Swap)과 거의 비슷한 구조를 갖고 있지만 한 가지 차이점은 중간에 외화채권으로부터의 외화 현금흐름(외화 쿠폰금액)이 있을 수 있다는 것이다. 이럴 경우 FX Swap이 아니라 통화스왑(CRS or CCS, Cross Currency Swap)을 사용하면 된다.

'발행일에 (증권사 고유계정에서 차입하여) ① 스왑은행에 외화채권의 원금에 해당하는 원화를 지급, 외화를 수령하여 ② 외화채권을 매수한 후 ③ 이를 기초로 외화채권 ABCP를 발행하여 ④ 발행대금을 원화로 수령한다(수령한 원화를 당일에 증권사 고유계정에 상환한다). ⑤ 이후 만기일 이전에는 외화채권의 외화 이자금액을, 만기일에는 외화채권의 원리금을 수령하여 ⑥ 이를 이미 정해진 환율로 스왑은행에 외화를 지급, 원화를 수령하여 ⑦ 외화채권 ABCP를 상환한다.'

외화채권을 유동화한다 하더라고 해당 외화채권이 채무불이행 사태를 맞으면 그것을 기초로 발행한 ABCP도 당연히 제대로 상환되지 않는다. 그래서 국내기관들이 제어할 수 없는 위험을 지닌 해외채권에 대해서는 더욱 신중을 기해서 발행을 해야 한다. 2018년 5월에 우리나라 자본시장 이력에 하나의 큰 오점을 남겼으니, '중국국저에너지화공집단(CERCG)'의 외화채권 ABCP 부도 사태가 그것이다. 발행과정에서의 여러 가지 부실내역을 확인 못 한 것은 둘째 치고서라도, 이를 통해 국내에서 사법기관을 통하여 잘잘못을 가리기도 어렵고 그렇다고 해외에서 소송을 감행하기에는 그 위험과 비용도 가늠하기 힘들다. 이로 인해 해외채권이나 해외물건에 대한 기피현상이 더 심해졌고 다시 국내 안전자산으로의 회귀가 일어나게 된 하나의 큰 계기였음은 부인할 수 없을 것이다.

(3) 매출채권, 대출채권 등 각종 금전채권을 기초로 한 자산유동화증권 (ABCP, ABSTB)

전통적으로 법인이 자금을 조달하는 원천은 재무상태표(과거 대차대조표, Balance Sheet)상의 대변을 통해서이다. 그것이 타인의 자본이면 '부채'이고, 자기의 자본이면 '자본'으로 분류될 것이다. 자산유동화증권은 이러한 기존의 전통적인 틀을 타파하여 자금을 차변인 '자산'으로부터 직접 조달해 보고자 하는 의도에서 비롯되었다.

재무상태표(B/S)

자산(차변)	부채와 자본(대변)
자산 (Asset)	부채 (Liability, 타인자본)
	자본 (Equity, 자기자본)

과거 IMF 시절 한국의 정부기관도 해외에서 자금을 조달하기 어려웠던 시기에 국내의 한 대기업 해외 자회사가 미국 일반 소비자들을 상대로 보유하고 있던 리스할부채권을 기초로 하여 최고 신용등급의 자산유동화증권을 발행함으로써 자금조달에 성공하였고 심지어 낮은 금리에 자금을 조달하였다는 사실은 이미 유명한 일화이다.

이후 국내에선 전통적인 자산유동화증권의 기초자산인 매출채권뿐만 아니라, 일반대출채권, 부동산 PF 대출채권, 카드결제대금채권, 소액결제대금채권, 신용판매대금채권, 자동차 차임채권, 주택할부금융채권, 각종 계약에 따른 대금반환채권 등 다양한 자산을 기초로 하여 자산유동화증권을 발행하고 있다.

실제로 자산유동화증권, 그중에서도 ABCP와 ABSTB의 2023년 말 현재 잔고는 126.7조 원으로 전체 기업어음(CP), 단기사채(STB) 잔고

264.5조 원 중 거의 절반에 육박하는 비중(47.9%)을 차지하고 있다.

대표적으로 매출채권을 기초로 하여 발행하는 자산유동화기업어음 증권(ABCP)의 일반적인 발행과 상환 흐름을 살펴보자.

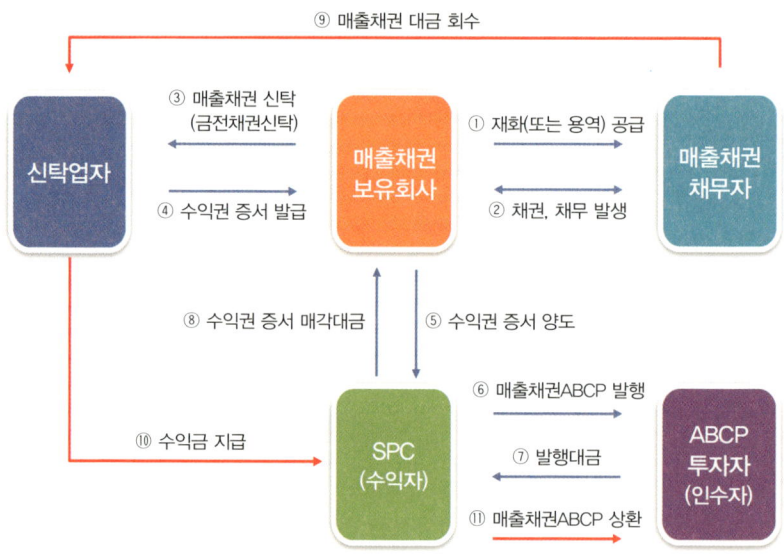

우선, ① (매출채권 보유)회사가 재화나 용역을 공급하면 ② 매출채권과 매입채무가 발생하게 되고 ③ 해당 매출채권을 유동화하고자 하는 매출채권 보유회사는 이를 신탁업자에게 신탁하고 ④ 신탁업자는 해당 매출채권에서 발생하는 수익을 받아갈 수 있는 권리인 수익권을 회사에 교부하면 ⑤ 회사는 이를 SPC에 양도하고 ⑥ SPC는 이 수익권을 기초로 ABCP를 발행, 매출(또는 사모)하여 ⑦ 발행대금을 회수한 자금을 ⑧ 수익권의 매각 대가로 회사에 지급한다

(이로써 회사는 매출채권을 현금화 즉, 유동화하였다). ⑨ 향후 매입채무자에게서 대금을 회수하면 ⑩ 수익권을 SPC가 보유하고 있으므로 신탁업자는 SPC에게 수익금을 지급하고 ⑪ 이 자금으로 ABCP를 상환한다.

위에 언급한 ⑤의 경우처럼 매출채권을 신탁하고 받은 수익권을 양도하는 경우도 있지만, 해당 수익권을 담보로 대출을 받고 돈을 빌려주는 대주(貸主)를 우선 수익자(제1종 수익자)로 지정하는 방식도 많이 사용되고 있다.

주의할 점은 매출채권 보유회사가 매출채권을 신탁하는 경우 채무자가 대금을 갚아야 하는 대상이 신탁업자로 바뀌었으므로 채무자에게 매출채권 양도를 통지하고 채무자의 승낙을 얻어야 한다는 점이다. 그래야만 채권자(매출채권 보유회사)의 신용으로부터 절연이 될 것이고, 순수하게 매출채권의 안전성과 채무자의 신용만으로 본 자산유동화증권의 신용이 결정될 것이기 때문이다.

자산유동화증권의 신용보강

이 과정에서 기초자산 또는 유동화증권에 대한 제3자의 신용보강이 이루어질 수도 있다. 채무자는 채무를 갚아야 하는 자이므로, 신용보강 제공자에서 당연히 제외하고 그 외 다른 여러 관계자들에 의해, 여러 가지 형태로 이루어질 수 있다.

자금을 대여하는 대주(또는 대주단), 시공에 참여하는 건설사, 지분 관계로 얽혀 있는 관계회사(주로 모회사), 유동화증권의 발행 주관사,

해당 사업을 추진하는 지방자치단체, 관련 보증업무를 담당하는 정부출연기관, 그 외에 수익을 얻기 위한 목적으로 해당 사업과 전혀 관련없는 제3자가 신용보강을 하는 사례도 존재한다.

신용보강의 방법은 기초자산의 매입확약, 자금보충 확약, SPC 발행 사모사채의 인수 확약, 연대보증, 채무인수, 신용공여, 보증보험 약정, 차액지급, 지급보증 등 다양한 형태로 이루어질 수 있다.

신용보강이 이루어지면, 발행되는 유동화증권의 신용등급은 신용평가사에 의해 종합적으로 결정되는데, 신용등급의 결정에 있어서 기초자산 또는 신용보강기관의 '안전성'이 가장 중요하지만 그것뿐만 아니라, 제때 신용보강에 따른 행위를 이행할 수 있는 '적시성(適時性)'도 신용등급을 결정하는 데 있어, 못지않게 중요한 판단요소이다.

부동산 PF 대출채권 유동화증권을 예로 들면, 해당 프로젝트의 사업성이 좋을 것으로 예상되는 경우, 대주가 높은 금리로 대출을 실행한 후 이에 대해 대주가 신용보강을 하고, 신용보강된 대출채권을 기초로 하여 단기(주로 3개월)로 유동화증권을 발행하여 자금을 조달하고 이를 대출채권의 만기까지 차환발행을 이어가면서 수익을 극대화할 수 있다.

예를 들어, 분양성이 좋을 것으로 예상되어 담보력이 우수하다고 판단되는 부동산 PF 사업장에 대주가 선취수수료 10%, 대출금리 연 10%로 3년 만기 대출을 실행한 후 이 부동산 대출채권에 매입확약(신용보강)을 하여 대주의 신용등급(A1) 수준으로 신용등급을 높여 이를 기초로 3개월 만기 ABSTB를 비교적 낮은 금리인 4%에 발행하고 이를 3년간 계속 차환발행 한다면, 대주는 3년간 10%＋(10%－4%)×3년＝28%, 단순수익률로 약 연 9% 수준의 수익을 얻게 되는 것이다.

물론 해당 부동산 프로젝트의 수익이 예상대로 발생하지 않으면 해당 대출채권의 손실을 감수해야 할 것이므로 연 9% 수준의 수익은 그러한 위험에 대한 대가라고 볼 수 있을 것이다.

(4) 신용부도스왑(CDS)을 기초로 한 ABCP

CDS ABCP의 유동화 기초자산은 2가지로 구성돼 있다. 하나는 여전채, 은행채 등 기초자산인 채권 등이고, 다른 하나는 준거 대상에 대한 CDS 프리미엄이다.

이를 기초로 CDS ABCP를 발행하고 상환하는 구조를 그림으로 나타내면 다음과 같다.

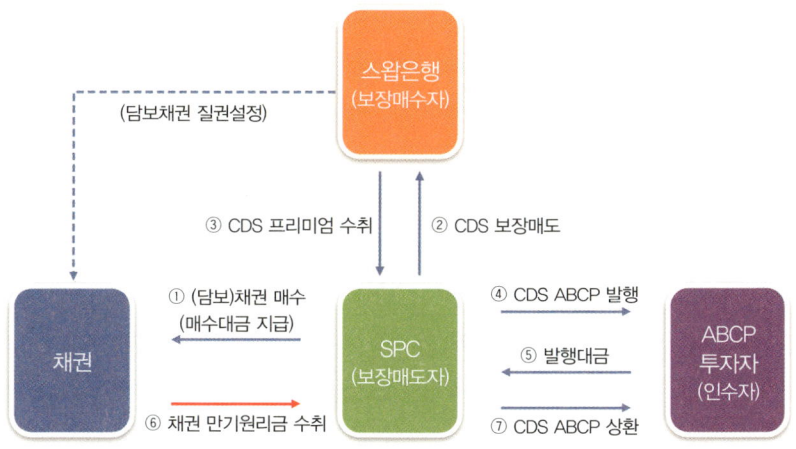

'발행일에 (증권사 고유계정에서 차입하여) ① 여전채 등 채권을 매수하고 ② 스왑은행에 CDS 보장을 매도하여 ③ CDS 프리미엄을 수령하고(후취로 수령할 수도 있다) ④ 이 2가지 자산을 기초로 CDS ABCP를 발행하여 ⑤ 발행대금을 원화로 수령한다(수령한 원화를 당일에 증권사 고유계정에 상환한다). ⑥ 이후 채권 만기일에 원리금을 수령하여 CDS 프리미엄 금액과 합쳐 ⑦ CDS ABCP를 상환한다.'

우선 CDS(Credit Default Swap)의 개념에 대해 정리해 보면 다음과 같다.

❖ 신용부도스왑

신용부도스왑(CDS, Credit Default Swap)은
① 준거자산으로부터 신용위험을 분리하여
② 계약기간 동안 거래상대방에게 이전하고
③ 준거자산의 신용사건 발생 여부를 관찰하여
④ 그 대가로서의 수수료(프리미엄)와 손실보전금액을 교환하기로 하는
⑤ 장외파생상품이다

준거자산(Reference Asset)
신용위험의 관찰 대상이 되는 자산으로서 국가, 기업, 특정채권 등 단일 또는 복수의 자산을 자유롭게 구성할 수 있다.

신용사건(Credit Event)
계약을 조기에 종료시키고 정산을 일으키는 사건으로 파산, 지급불이행, 기한이익상실, 채무재조정, 모라토리엄 등이 있다.

보장매수자(Protection Buyer)
수수료(프리미엄)를 지급하고 혹시나 발생할지 모르는 신용위험을 이전

함으로써 손실에 대한 보장을 제공받는 자(가치 있는 무언가를 매수하려면 대가를 지불해야 한다)

보장매도자(Protection Seller)
보장매수자의 거래상대방으로서 수수료(프리미엄)를 지급받고 혹시나 발생할지 모르는 신용위험을 인수하여 손실에 대한 보장을 제공하는 자 (가치 있는 무언가를 매도하면 대가를 지급받는다)

CDS 거래 구조

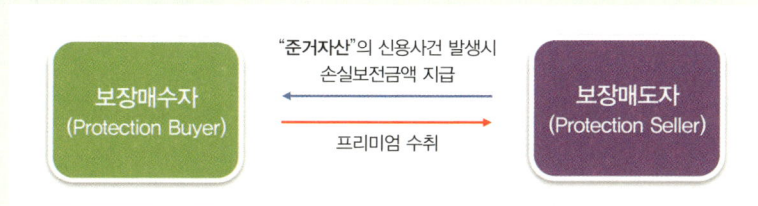

보장매수자는 수수료를 주고 보유자산의 신용위험을 팔아버리고 보장(protection)을 사는 효과를 가지며(가치 있는 무언가를 매수하려면 대가를 지급해야 한다), 반대로 **보장매도자**는 신용위험을 받아 보장(protection)을 파는 대신 수수료를 지급받는다(가치 있는 무언가를 매도하면 그 대가를 지급받는다). 결과적으로 CDS 계약을 통해 보장매수자의 신용위험이 보장매도자에게 이전하게 된다.

위와 같은 CDS 계약을 통해서 유동화증권 발행기관은 기초자산인 채권의 금리에 CDS 프리미엄을 얹어 이 2가지 자산을 기초로 하여 ABCP를 발행한다. 예를 들어 기초자산인 A캐피탈 5년 만기 채권의 수익률이 4.00%이고, B공사 액면 500억 원의 5년 CDS 매도 프리미엄이 연 2.00%라고 가정하면 합해서 연 6.00%의 수익률을 가지고 발행비용과 발행마진 등을 차감하여 유동화증권을 발행하는 것이다.

즉, CDS ABCP 투자자는 CDS와 관련된 신용사건이 발생되지 않는 경우 기초자산인 채권의 이자에 CDS 프리미엄을 추가하여 높은 수익을 얻는 반면, 만약 신용사건이 발생하게 될 경우 큰 손실을 입게 된다.

초창기 CDS ABCP는 국내외 높은 신용등급의 기업들을 준거자산으로 하여 발행되었고, 이후에는 한국, 중국 등 국가(sovereign)를 준거자산으로 하는 CDS로도 확대되었다. 2008년 글로벌 금융위기 시 국내 우량기업의 외화채권을 매입한 외국 금융회사들이 해당 국내 우량기업의 신용위험을 헤지(Hedge)하기 위해 국내 증권사로부터 CDS 보장(Protection)을 매입하였고, 국내 증권사는 이 위험을 다시 ABCP 발행자(SPC)로부터 매입하여 위험을 헤지(Hedge)하고, CDS 보장을 매도하여 CDS 프리미엄을 수취한 SPC는 이를 기초로 CDS ABCP를 발행하였다. 2011년 말 이후 정기예금을 대신하여 증권사 랩, 신탁에서 주로 3년 이상으로 발행하는 CDS ABCP를 대량으로 매수하였고 이후로도 수년간 랩, 신탁 채권형 상품의 주요 운용자산이 되었다.

그러나 2013년 증권발행규정 개정으로 1년 이상의 ABCP 발행이 사실상 중단되면서 3년 또는 5년 만기 위주로 거래되는 CDS를 기초자산으로 하는 ABCP를 증권사 IB는 더 이상 발행할 수 없었고, 따라서 운용수요가 있었음에도 증권사 랩, 신탁 채권형 상품의 운용자산으로 운용할 수 없었다.

이에 2013년 5월 이후부터 일부 기관들은 이를 '사모사채'의 형태로 발행하여 계속 운용하였다. 이는 자산유동화법에 의해 공모로 발행하는 ABS(Asset Backed Securities)와 구분하여 'ABB(Asset Backed Bond)'로 불리기도 했다. 다만, 증권사 신탁은 신탁업 인가 제한규정으로 인해 사모사채를 매수할 수 없었으므로 이를 투자자 명의의 계좌로 운용하는 랩 상품으로 매수할 수밖에 없었고 이후로도 수량은 많지 않지만 지속적으로 발행이 이루어지고 있다.

(5) Repackage ABCP(공모사채, 사모사채, 파생결합사채 등)

증권사 신탁은 인가 초기 MMT 운용 때부터 매매 시 당일결제 하는 정기예금 및 CP에 익숙해져 있어 정기예금 자전거래 중단 이후에도 익일결제 하는 채권은 잘 운용하지 않았다. 그리고 채권을 발행하는 일반기업의 입장에서는 CP로만 자금을 조달할 수는 없고 자금조달 수단을 다양화해야 하므로, 이에 서로의 이해가 맞아떨어져 발행채권 자체를 그대로 기초자산으로 하여 이를 ABCP로 만들어 운용하게 되었다. 그래서 용어 또한 'Repackage'라고 붙여졌다.

2011년 하반기 이후부터 다양한 ABCP가 발행되고 랩과 신탁의 잔고도 늘어나게 되었다. 더구나 ABCP 발행 이후 시장금리도 하락하면서 발행하는 족족 평가이익도 많이 발생하여 랩과 신탁 계약의 만기보다 지나치게 긴 만기의 자산을 운용하면서 미스매칭 운용이 다소 과열되는 양상으로 전개되었다. 가령 1개월 만기 신탁계약에 5년 만기 자산을 운용하는 경우도 흔하게 발생하였다.

이에 2013년 5월부터 1년 이상 만기의 ABCP 발행이 사실상 중단되는 것으로 규정이 예고되면서, 규제 시행 전에 미리 만기가 긴 물건을 발행해 두려는 수요가 늘었고, 이에 공모사채 및 사모사채 등을 기초로 Repackage ABCP를 발행하는 사례가 늘었다.

채권을 그대로 유동화하여 채권과 ABCP의 만기가 같은 Repackage ABCP 뿐만 아니라, 만기가 긴 채권을 매수하여 이를 기초로 3개월 단위로 유동화증권을 발행한 후 이를 계속 차환발행 하고 이에 대해 증권사가 매입확약 등 신용보강을 제공하는 방식의 유동화증권도 여전히 지속적으로 발행되고 있다. 특히 사모사채는 유동성이 떨어지므로 금리가 다소 높고, 발행절차도 공모사채에 비해 간편하기 때문에 종종 활용되는 방법이다.

뿐만 아니라 '더미(dummy)' 형식으로 발행하는 파생결합사채를 기초로 ABCP를 발행하는 경우도 많이 있었다. '더미' 파생결합사채는 예를 들어 CD금리가 5% 이하인 경우에는 표면금리를 4.00%를 주고, CD금리가 5%를 초과하는 경우에는 표면금리를 4.01%를 주는 파생결합사채를 말하는 것으로, 파생결합사채는 발행사(증권사)가 원금을 보장하고 있고, CD금리가 어떠한 경우라도 쿠폰금리는 고작 0.01% 차이로서 사실상 CD금리의 범위를 구분하는 것이 의미가 없게 되는데 이런 증권(파생결합사채)을 흔히 '모조품'을 뜻하는 의미인 더미(dummy)라고 말한다. 이러한 파생결합사채를 기초로 유동화증권을 발행하면 유동성이 떨어지는 파생결합사채 대신 ABCP로 거래가 가능하므로 파생결합사채 발행자 입장에서는 자금을 한번에 크게 조달할 수 있어서 좋고, ABCP를 운용하는 입장에서는 동일한 신용등급이지만 상대적으로 높은 금리로 운용할 수 있으므로 서로 간에 이익이 맞아 일부 틈새시장을 형성하고 있다.

(6) 중국계 및 중동계 은행 등 외화예금을 기초로 한 ABCP

외화예금 ABCP의 발행 시 자금흐름은 앞서 언급한 '외환스왑 정기 예금'의 자금흐름과 거의 동일하다.

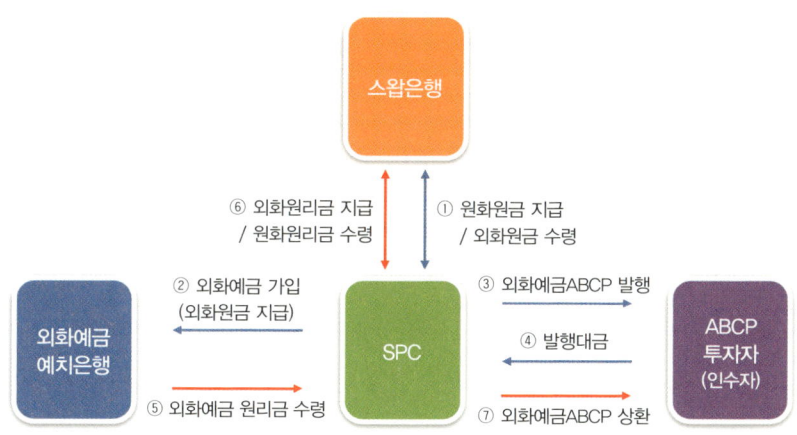

위 그림에서 SPC라고 표현되어 있지만 보통은 SPC가 신탁업자에 자금을 맡겨 신탁업자의 명의로 외화예금의 가입과 FX스왑을 체결한 후 그 신탁의 수익권을 기초로 ABCP를 발행하는 경우가 대부분이다(발행 당일에 증권사 고유계정에서 자금을 차입한 후 당일 중 상환하는 과정은 그림에서 생략하였다).

'발행 당일에 (증권사 고유계정에서 차입하여) ① 스왑은행에 외화예금의 원금에 해당하는 원화를 지급, 외화를 수령하여 ② 외화예금에 가입한 후 ③ 이를 기초로 외화예금 ABCP를 발행하여 ④ 발행대금을 원화로 수령한다(수령한 원화를 당일에 증권사 고유계정에 상환한다).

⑤ 만기일에 외화예금의 원리금을 수령하여 ⑥ 이를 이미 정해진 환율로 스왑은행에 외화를 지급, 원화를 수령하여 ⑦ 외화예금 ABCP를 상환한다.'

중국(中國)계 은행들의 정기예금 ABCP

앞서 '외환스왑(FX Swap) 정기예금'에서 언급한 대로 증권사 신탁은 2008년 9월 리먼 브라더스 사태 이후 국내 시중은행들이 부족한 외화, 특히 USD를 조달하기 위해 높은 금리의 외화정기예금 금리를 제공함으로써 이를 '외환스왑 정기예금'이라는 신탁상품으로 만들어 운용해 본 경험이 있었다. 그래서 이미 증권사 신탁업자들은 USD 정기예금을 FX Swap으로 환율변동위험을 헤지(hedge)하는 데 익숙한 상황이었고, 이에 2012년 말부터는 중국 위안화(CNY)를 동일한 방법으로 운용하기 시작했다.

초창기에는 중국 5대 은행 즉, 중국공상은행(ICBC), 중국농업은행(ABC), 중국은행(BOC), 중국건설은행(CCB), 교통은행(BoComm) 국내 지점의 미 달러화(USD) 정기예금을 운용했으나, 이후 USD 뿐만 아니라 중국 위안화(CNY) 정기예금을 FX Swap을 이용하여 원화로 고정시켜 운용하기 시작하였다. 통화만 다를 뿐 기본적인 개념은 동일하므로 큰 어려움 없이 원화예금보다 많게는 2%가량 높은 수익률을 거둘 수 있었다. 더구나 중국 5대 은행들의 신용등급은 국내 시중은행들과 거의 차이가 없거나 오히려 더 높아 안정성을 추구하면서도 높은 수익률로 운용을 할 수 있었다.

이에 증권사 IB들이 이러한 정기예금을 기초로 ABCP를 발행하는 사업에 뛰어들기 시작했고 경쟁이 과열되자 중국계 은행의 국내지점뿐만 아니라, 상하이, 선전 등 중국 본토, 그리고 홍콩, 마카오 등 해외지점에까지 경쟁적으로 계좌를 개설하여 유동화증권을 발행하였다.

중국의 탄탄한 성장을 기반으로 한 안정적인 경제가 뒷받침되어 '중국계 은행 정기예금 ABCP'는 2015년 6월 말 28조 원이 넘는 규모로 성장하였다. 국내은행 정기예금 ABCP보다 규모가 커서 전체 정기예금 ABCP 중 절반이 넘는 56%의 비중을 차지할 정도로 발행과 운용이 활발하였다.

그러나, 2016년 하반기 우리나라의 사드(THAAD, 고고도미사일방어체계) 배치 결정 이후 중국의 잇단 보복 조치에 대한 반감과 중국기업들의 회계처리에 대한 불신 등으로 인해 서서히 잔고가 줄어들었고 2018년 말부터는 잔고가 거의 의미 없는 수준으로 감소하게 되었다.

중동(中東)계 은행의 정기예금 ABCP

그 사이 2016년 4월부터 카타르국립은행(Qatar National Bank, QNB)을 필두로 중동계 은행의 외화예금을 기초로 한 ABCP 발행이 늘어나기 시작하였다. QNB 외에도 ENBD(Emirates NBD Bank PJSC), 도하은행(Doha Bank), 아부다비상업은행(ADCB), 알칼리지상업은행(Al Khaliji Commercial Bank) 등 UAE, 카타르 등 중동계 은행들의 정기예금을 기초로 많은 ABCP 발행이 있었고 이를 펀드(MMF), 랩 및 신탁 자금들이 많이 매수하여 2017년 중반에는 그 규모가 중국계 은행 예금을 넘어섰다.

그러던 중 2018년 중반 미국의 제재와 맞물려 금융불안을 겪고 있는 터키(튀르키예)에 카타르가 대규모 투자를 약속하면서 미국이 카타르에 제재를 가할 수도 있다는 가능성이 제기됐고, 엎친 데 덮친 격으로 터키(튀르키예)에 자회사 은행을 둔 QNB에 불똥이 튈지 모른다는 불안감에 결국 '펀드 런'이 발생하게 되고, 시장에서 QNB 정기예금 ABCP의 거래가 거의 안 돼, 2018년 9월 몇몇 자산운용사가 펀드 환매를 중단하는 일까지 벌어지게 되었다.

물론 중동계 은행 정기예금 ABCP는 채무불이행의 문제가 아니라 만기 전 유동성의 문제였고 결국 만기에는 제대로 상환이 되었지만, 앞서 언급한 2018년 5월의 중국국저에너지화공집단(CERCG) ABCP 부도 사태와 비슷한 시기에 겹쳐, 제어가 불가능한 해외 물건에 대한 지정학적 리스크가 부각되었고, 게다가 잇따라 발생한 해외 부동산 펀드 및 해외 자산을 기초로 한 유동화증권의 투자 실패 사례로 인해, 국내기관들을 비롯한 시장이 다시 원화정기예금 ABCP로 회귀하게 되는 여러 계기 중 하나가 되었다.

6. 금리상승위험에 대비한 FRN(Floating Rate Note, 변동금리부채권)

앞서 CD연동 정기예금을 언급한 바 있는데, FRN도 완벽하게 동일한 현금흐름의 구조를 가지고 있다. 이자금액(쿠폰)을 계산함에 있어 전체 채권 만기 동안의 금리를 사전에 미리 알 수 있는 것이 아니고, (만약 3개월마다 금리가 새로 정해진다면) 최초 3개월간의 금리만 알 수 있을 뿐이다. 이후 잔존만기 동안의 이자금액은 향후 시간이 경과하면서 사후적으로밖에 알 수가 없다.

그런데 채권은 미래의 현금흐름을 현재의 시장금리로 할인하여 그 가격(단가)을 계산하므로 최초 3개월 이후의 이자금액은 기준이 되는 지표인 현재의 CD금리를 적용하여 계산한 이자금액을 만기까지 동일하게 적용하여 현금흐름을 가정한다. 따라서 3개월 단위의 이자수령일마다 '표면금리와 시장금리(민평금리, 매매금리)가 같아진다면' FRN의 가격은 3개월마다 10,000원으로 회귀할 것이다.

CD금리에 일정한 스프레드를 얹은 FRN의 표면금리가 시장금리를 완벽히 추종하지 못할 때도 있겠지만, 시장의 금리변동을 전혀 반영하지 못하는 고정금리의 일반채권보다는 시장금리의 상승에 어느 정도 대응할 수 있을 것이므로 정기예금의 자전거래가 중단된 후 그 대안으로 여전사 등의 FRN이 많이 운용되었다.

그러나 FRN의 발행수량이 일반채권에 비해 턱없이 부족하고, 익일결제 하는 채권운용에 익숙하지 않은 증권사 랩, 신탁 운용역들과 투자자 법인들에게 쉽게 받아들여지지 않았다. 더구나 정기예금을 기초자산으로 하고, 앞서 설명한 이자율스왑으로 'IRS Pay'를 하면 이를 기초로 정기예금 유동화 FRN으로 만들어 발행할 수 있으므로 시장금리의 상승을 어느 정도 반영할 수도 있고, 정기예금을 기초로 하므로 발행수량도 늘릴 수 있었겠지만, 'CP(기업어음증권)'는 변동금리를 반영할 수 있는 자산(vehicle)이 아니다. 따라서 이를 '(변동금리부)사모사채'로 발행할 수밖에 없어, 증권사 신탁 인가 규정상 사모사채를 매수하지 못하는 증권사 신탁의 입장에서는 그림의 떡이었다. 이후에도 시장에서 '정기예금 기초 사모사채'의 방식으로 몇 번의 FRN 발행은 있었지만 크게 활성화되지는 못했다. 그 직후 2022년 하반기에 레고랜드 사태로부터 촉발된 랩과 신탁의 대규모 평가손실 사태를 경험한 터라, 만약 그때 랩, 신탁 계정이 정기예금 FRN을 주로 운용하고 있었더라면 급격한 시장금리 상승에도 유연하게 대응할 수 있었을 거라는 예상이 가능하기에 더욱 아쉬움이 남을 수밖에 없는 부분이다.

다음 그림은 실제로 같은 날 발행된, 같은 만기의 고정금리채(SB, Straight Bond)와 변동금리채(FRN)의 쿠폰금리의 변동 데이터를 그래프로 나타낸 것이다. 시장금리라고 할 수 있는 국고 3년물이나, 고정금리채권의 민평금리와 비교해 보면 아무리 FRN이라고 하더라도 시장금리를 완벽히 따라잡기는 힘들다는 것을 알 수 있다.

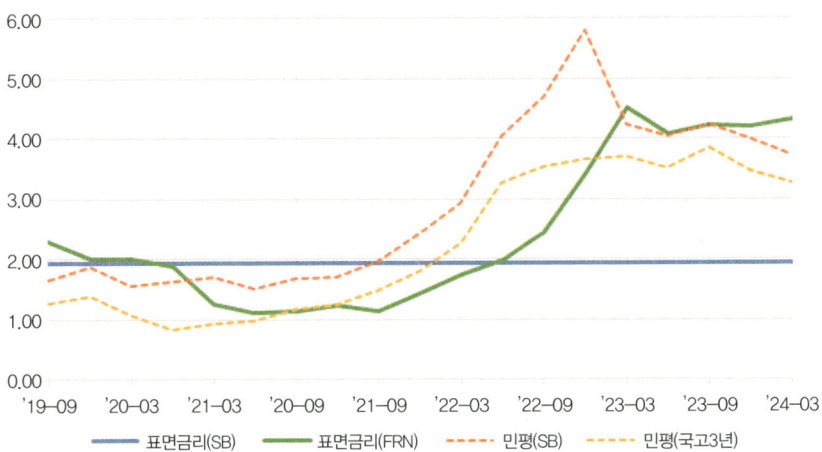

실제로 같은 날, 같은 만기로 발행된 같은 회사의 고정금리채와 변동금리채의 표면금리를 일자별로 나타낸 그림이다. 시장금리의 상승(국고3년 민평금리)에 따라 금융채인 본 회사의 일반 고정금리채권의 민평금리도 급등하였으나, 변동금리채의 표면금리가 이를 충분히 따라잡지 못하고 후행적으로 추종하는 모습을 보이고 있다. 그래도 금리상승기에는 변동금리채의 표면금리가 고정금리채의 표면금리보다는 민평금리를 따라가는 측면에서 보면 훨씬 양호한 모습을 보이고 있다.

이는 수익률 산정의 기초가 되는 CD금리가 부동산 시장에 미치는 엄청난 영향을 고려한 나머지 정책적 측면에서 시장금리를 완벽히 추종하지 못하기 때문이기도 하고, 또한 CD금리에 기초한 표면금리가 3개월마다 책정됨으로써 시장금리를 시의적절하게 반영하지 못하고 후행적으로 추종할 수밖에 없는 기술적 측면의 한계가 있기 때문이기도 하다.

이를 보완하기 위해 CD금리 대신 시장금리를 더 즉각적으로 반영하는 CMS(Constant Maturity Swap) 금리를 사용하기도 하고, 3개월 대신 1개월마다 쿠폰금리를 새로 설정하는 FRN을 발행하기도 한다.

시장 유동성이 극도로 어려울 때는 이론적 방어가 가능한 그 어떤 자산도 소용이 없다. 그래도 패닉이 다소 진정되면 시장금리를 반영하는 자산들은 곧 거래가 재개될 수 있다. 유동성 부족 등 여러 한계에도 불구하고 시장금리가 상승하는 시기에 FRN은 분명 평가손실을 방어하여 금리상승위험을 줄여줄 수 있는 좋은 수단인 것만은 분명하다.

7. 환매조건부(RP) 매도를 활용하는 증권신탁

'환매조건부매도를 활용하는 증권신탁'은 금융투자업자로서의 신탁업자가 자본시장법 시행령 제7조 제4항 제3호에 정해진 규정에 따라 '기관 간 환매조건부매도' 거래를 통해 하루짜리 등 초단기의 낮은 금리로 조달한 자금을 추가로 운용하여 초과수익을 거두기 위한 목적의 신탁상품이다.

자본시장과 금융투자업에 관한 법률 시행령
제7조(금융투자업의 적용배제)
④ 법 제7조 제6항 제4호에서 "대통령령으로 정하는 경우"란 다음 각 호인 경우를 말한다.

3. 다음 각 목의 어느 하나에 해당하는 자 간 제81조 제1항 제1호에 따른 환매조건부매도 또는 제85조 제3호 나목에 따른 환매조건부매수(이하 "환매조건부매매"라 한다)를 하는 경우
   가. 제10조 제2항 각 호의 자
   나. 제10조 제3항 제1호부터 제4호까지, 제4호의2 및 제9호부터 제13호까지의 자(이에 준하는 외국인을 포함한다)
   다. 그 밖에 금융위원회가 정하여 고시하는 자

제10조(전문투자자의 범위 등)
② 법 제9조 제5항 제3호에서 "대통령령으로 정하는 금융기관"이란 다음 각 호의 금융기관을 말한다.
1. 은행
2. 「한국산업은행법」에 따른 한국산업은행
3. 「중소기업은행법」에 따른 중소기업은행
4. 「한국수출입은행법」에 따른 한국수출입은행
5. 「농업협동조합법」에 따른 농업협동조합중앙회
6. 「수산업협동조합법」에 따른 수산업협동조합중앙회
7. 「보험업법」에 따른 보험회사(이하 "보험회사"라 한다)
8. **금융투자업자**(법 제8조 제9항에 따른 겸영금융투자업자(이하 "겸영금융투자업자"라 한다)는 제외한다)
9. 증권금융회사
10. 종합금융회사
11. 법 제355조 제1항에 따라 인가를 받은 자금중개회사(이하 "자금중개회사"라 한다)
12. 「금융지주회사법」에 따른 금융지주회사
13. 「여신전문금융업법」에 따른 여신전문금융회사
14. 「상호저축은행법」에 따른 상호저축은행 및 그 중앙회
15. 「산림조합법」에 따른 산림조합중앙회
16. 「새마을금고법」에 따른 새마을금고연합회
17. 「신용협동조합법」에 따른 신용협동조합중앙회
18. 제1호부터 제17호까지의 기관에 준하는 외국 금융기관

'환매조건부매도'는 'Repo(RP, Repurchase Agreement) 매도'를 뜻하며 흔히 '레포 매도, 알피(RP) 매도'라고도 부른다. 이는 증권의 소유자가 보유증권을 현금을 받고 매도하면서 미래의 지정된 날짜에 특정한 가격으로 되사겠다는 조건을 붙여 거래하는 계약이다.

즉, 보유자산을 '다시 매수(환매수)하겠다고 약속하고 매도하는 계약'으로서, 여기서 중요한 점은 현재 시점에서 Repo매도한 자산(대부분의 경우 채권형 자산이다)으로부터 자체적으로 발생하는 이자수익 등은 Repo매수자의 수익이 아니라, Repo매도자의 수익이라는 점이다. 이미 매도를 했는데 매수자가 아니라 매도자 몫이라니, 언뜻 쉽게 이해가 되지 않을 수도 있다.

하지만, Repo매수자는 Repo매도자가 '최초에 Repo매도한 가격(원금)'과 '되사주는 가격(원리금)'과의 차액만 이자수익으로 인식하고, Repo매도한 자산은 일종의 담보 역할만 한다고 이해하면 된다. 즉, Repo매도하여 담보로 제공한 채권 내에서 자체적으로 발생한 이자수익은 Repo매도자의 몫이라는 뜻이다. 달리 생각해 보면, Repo매도는 '진정한 매도(true sale)'는 아니라는 의미로 볼 수 있다.

아래 사례를 통해 구체적으로 살펴보자.

구분	액면금액	금리(수익률)	이자손익
① 채권(수탁)	10,000,000,000	3.60%	360,000,000
②, ④ RP매도(1일물)	9,500,000,000	-2.60%	-247,000,000
③ 채권 추가매수	9,500,000,000	3.60%	342,000,000
합계	10,000,000,000	⑤ 4.55%	455,000,000

① 위탁자가 보유 중인 만기 1년, 연 수익률 3.60%의 채권을 신탁업자에 '증권신탁' 한다.

② 1일물 기관 간 RP매도 거래를 통해 95억 원을 조달한다.
  * 채권담보비율을 105% 이상으로 함(105.26%=100억 원/95억 원)

③ RP매도를 통해 조달한 95억 원으로 만기 1년, 금리 3.60%의 채권을 추가로 매수한다.

④ 익영업일에 새로이 RP매도를 통해 자금을 조달하여 위 ②에서(직전 영업일에) RP매도를 통해 조달한 1일물 RP매도 자금(이자금액을 포함)을 상환하고 이를 채권의 만기일까지(1년간) 반복한다.

⑤ RP매도금리가 변동이 없다는 가정하에 위 운용방법의 1년 수익률은 연 4.55%이다.

위 사례에서 최초에 위탁자가 보유하고 있던 1년 만기 채권의 금리가 3.60%이었으므로 만기보유 시 투자수익률은 3.60%가 되었을 것이다. 그런데 위탁자가 어차피 만기까지 보유할 '만기보유금융투자상품(만기보유증권)'을 신탁업자에게 신탁하여 추가로 운용함으로써, 만기보유수익은 그대로 누리면서 추가로 0.95%(=4.55%-3.60%)의 수익을 만들어 낼 수 있다면 이는 충분히 의미 있는 운용이라고 할 수 있을 것이다. 즉, 앞서 언급한 대로 Repo매도자는 매도자산의 만기수익률인 3.60%를 그대로 누리면서, 추가적인 수익을 노리며 운용도 하는 셈이다.

그러나, 위의 사례는 RP매도의 개념을 이해하기 위해 단순하게 가

정하여 계산한 수익률일 뿐, RP매도를 오랜 기간 동안 하다 보면 시장 유동성이 부족하여 RP매도가 쉽지 않을 경우도 있고, 뜻하지 않게 단기금리가 급등하여 RP매도금리(조달금리)가 채권금리(운용금리)보다 더 높게 형성되는 기간이 지속되어 결과적으로 운용손실을 볼 수도 있어 주의할 필요가 있다.

즉, 이론적으로는 결국 '고정된 장기의 운용금리'와 '변동하는 단기의 조달금리'와의 차이를 수익자가 먹는 것이므로, 시장금리(RP금리)가 하락하면 더 많은 수익을 얻을 것이고, 반대로 시장금리(RP금리)가 상승하면 더 적은 수익, 심지어 손실을 볼 수도 있다는 사실을 유념해야 한다.

증권사 신탁의 RP 매도 가능 여부에 대한 법적인 근거 논란

여기서 한 가지 유의할 점은 위 사례에서 언급한 바와 같이, 위탁자가 돈을 맡겨 채권을 매수하는 '특정금전신탁'이 아니라, 위탁자가 보유하고 있는 채권(증권)을 그대로 신탁업자에게 맡기는 '증권신탁'이라고 언급하였다는 점이다. 이는 자본시장법 시행령 제106조 제3항 제3호에서 다음과 같이 규정하고 있기 때문이다.

자본시장과 금융투자업에 관한 법률

제105조(신탁재산 등 운용의 제한) ① 신탁업자는 신탁재산에 속하는 금전을 다음 각 호의 방법으로 운용하여야 한다.
  1. 증권(대통령령으로 정하는 증권에 한한다)의 매수
  2. 장내파생상품 또는 장외파생상품의 매수

3. 대통령령으로 정하는 금융기관에의 예치
4. 금전채권의 매수
5. 대출
6. 어음의 매수
7. 실물자산의 매수
8. 무체재산권의 매수
9. 부동산의 매수 또는 개발
10. 그 밖에 신탁재산의 안전성·수익성 등을 고려하여 대통령령으로 정하는 방법

자본시장과 금융투자업에 관한 법률 시행령

제106조(신탁재산의 운용방법 등)
③ 법 제105조 제1항 제10호에서 "대통령령으로 정하는 방법"이란 다음 각 호의 어느 하나에 해당하는 방법을 말한다.
1. 원화로 표시된 양도성 예금증서의 매수
2. 지상권, 전세권, 부동산임차권, 부동산소유권 이전등기청구권, 그 밖의 부동산 관련 권리에의 운용
3. **환매조건부매수**
4. 증권의 대여 또는 차입
5. 「근로자퇴직급여 보장법」 제29조 제2항에 따른 신탁계약으로 퇴직연금 적립금을 운용하는 경우에는 같은 법 시행령 제26조 제1항 제1호 나목에 따른 보험계약의 보험금 지급청구권에의 운용
6. 그 밖에 신탁재산의 안정성·수익성 등을 고려하여 금융위원회가 정하여 고시하는 방법

감독당국은 '특정금전신탁으로 매수한 채권을 환매조건부매도 하는 것이 가능한지'를 묻는 질의에 대해, 자본시장법 제105조 제1항에서 언급한 '신탁재산에 속하는 금전'을 자본시장법 시행령 제106조

제3항 제3호의 '환매조건부매수'로만 운용할 수 있다고 규정하고 있으므로, '특정금전신탁에서 환매조건부매도는 허용되지 않는' 것으로 해석하고 있다('환매조건부매도는 금전의 차입과 실질이 같아 집합투자업에서도 금전차입을 원천적으로 금지하면서 예외적인 경우에 한해 허용하고 있다'는 추가적인 근거도 제시하고 있다).

그런데 이에 대해서는 해석이 분분하다. 자본시장법 제105조 제1항과 시행령 제106조 제3항에서 언급하고 있는 신탁재산의 운용방법은 '신탁재산에 속하는 금전'에 대해 규정하고 있는 조항으로서, 당연히 '금전'은 매도를 할 수 있는 자산이 아니므로, 금전으로는 '환매조건부매수'만 가능하다고 시행령이 규정해 놓은 것이라고 해석할 수 있기 때문이다.

그리고, '특정금전신탁으로 매수한 채권을 환매조건부매도 하는 것이 가능한지'를 묻는 질의에 대해, 그 가능 여부를 판단하기 위한 기준으로 '신탁재산에 속하는 금전으로 환매조건부매수만 가능하다'는 규정을 그 근거로 삼아 '채권을 환매조건부매도 하는 것은 허용되지 않는다'라고 해석하는 것은 앞뒤가 맞지 않는다.

반면, (유가)증권신탁계약을 통해 수탁받은 채권은 환매조건부매도를 할 수 있다고 해석하고 있다. 금융투자협회도 증권신탁계약을 통해 수탁한 채권을 '환매조건부매도'하여 조달한 자금을 추가로 운용하는 상품의 독창성을 인정하여 2010년말 당시 현대증권에게 2개월의 배타적 사용권을 인정하기도 할 정도로 이미 널리 사용되고 있는 운용방법이었다.

법 또는 시행령에서도 금전신탁이냐 재산신탁이냐 그 신탁재산의 출처에 따라 신탁재산의 운용방법을 달리 정하지 않았고, 더구나 신탁법 제27조에는 '신탁재산의 관리, 처분, 운용, 개발, 멸실, 훼손, 그 밖의 사유로 수탁자가 얻은 재산은 신탁재산에 속한다'고 하여 신탁재산은 그 취득 경위를 떠나 모두 신탁재산에 속하므로 자본시장법에 따른 신탁재산의 운용방법에 따르면 될 것이기 때문이다.

결론적으로, 금융투자업자인 신탁업자가 자본시장법 시행령 제7조 제4항 제3호에 정해진 규정에 따라 '기관 간 환매조건부매도' 거래를 함에 있어, 신탁재산의 관리, 운용 등의 사유로 수탁자가 보유하는 채권은 모두 신탁재산에 속하는 것임에도 불구하고, 감독당국은 어떤 법적인 근거 규정 없이 신탁재산의 출처에 따라 가능한 운용방법이 다른 것으로 보아, '증권신탁계약을 통해 보유하는 채권은 환매조건부매도가 가능하고, 특정금전신탁을 통해 매수한 채권은 환매조건부매도가 허용되지 않는다'고 유권해석 하고 있는 것이다. 이에 대한 명확한 규정 개정이 필요할 것이다.

8. USD Sell & Buy 신탁

앞서 '외환스왑(FX Swap) 정기예금'을 설명하면서 이미 Sell & Buy 스왑에 대해 한 차례 언급했었다.

(1) Buy & Sell : 외화를 가까운 일자에 사고(Buy) 먼 일자에 파는(Sell) 거래
(2) Sell & Buy : 외화를 가까운 일자에 팔고(Sell) 먼 일자에 사는(Buy) 거래

이 중에서 앞서 언급했던 'Buy & Sell 스왑'이 아니라 'Sell & Buy 스왑'을 이용하여 신탁상품으로 만든 것이 'USD Sell & Buy 신탁'이다. 즉, 기존의 다른 신탁상품과는 달리 이 상품의 기본 포지션은 출발점과 종착점이 원화가 아니라 '외환'이다. 외화 중에서도 위기에 오히려 강한 USD를 보유하는 운용방식이다.

이를 도식화하면 다음과 같다.

[USD Sell & Buy 신탁]

'외화를 이미 보유하고 있는 입장에서, ① 외화를 주고 ② 원화를 받아 이를 ③ 원화자산으로 운용한 후, ④ 원화운용자산 만기일에 원

화 원리금을 상환받아 ⑤ 이미 정하여진 환율로 원화를 주고 ⑥ 다시 외화를 받아 원래의 외화 포지션으로 돌아가는 거래'를 말한다.

이를 구체적인 사례를 통해 알아보자.

- 최초 외화보유액 USD 1,000,000
- 만기 1년(2024. 05. 09.~2025. 05. 09.)
- 원화 정기예금 금리 4.00%
- 현물환 1,364.00원
- 스왑포인트 1년 −13.40원이라고 가정해 보자.

일자(일수)	금액(USD)	환율(스왑포인트)	금액(KRW)
2024.05.09	1,000,000.00	1,364.00	1,364,000,000
365일	50,318.37	−13.40	54,560,000
2025.05.09	1,050,318.37	1,350.60	1,418,560,000
수익률	5.03%		4.00%

위의 표에서 앞서 설명한 외환스왑 정기예금과 달리 이번에는 가입일에 USD로 출발하여 굵은 화살표를 따라서 다시 USD 포지션으로 돌아가는 흐름임을 유의해야 한다(이 또한 엑셀문서에 산식으로 표현하면 최종적으로 외화수익률을 어렵지 않게 구할 수 있다).

'USD 1,000,000을 주고 1,364원의 환율로 환전하여 1,364,000,000원을 가지고 1년 4% 원화 정기예금에 가입한 후, 만기일에 원화 원리금을 이미 정해진 환율(1,350.6원=1,364원−13.4원)로 환전하여 USD 1,050,318을 수취하면 결과적으로 USD 50,318 정도의 수익이 나고,

이는 USD 기준으로 5.03%의 수익률이 된다'는 의미이다.

흥미로운 것은, USD를 보유하고 있지만 실제로 운용기간 내내(1년 동안) 원화 정기예금으로만 운용하였다는 점과 정기예금의 만기시점에 미리 정해진 환율로 원화 원리금을 외화로 바꾸면서(USD를 매수하면서), 최초 매도시점의 환율보다 더 낮은 환율로 외화를 매수하게 되었다는 점이다(스왑포인트가 (−)이므로 가능했던 것이다). 미국의 USD 금리가 한국의 원화 금리보다 더 높으면 시장이 투자수익률을 같은 수준으로 균형을 맞춰 주기 위해 스왑포인트가 (−)로 결정된다고 앞서 설명하였다. 수입금액 지급 등을 위해 항상 외화를 보유해야 하는 법인의 경우 이런 방식의 운용으로 외화 보유수량을 계속 늘려가는 것도 좋은 방법이다.

여기서 유의할 점은 투자수익률이 외화 즉, USD 기준으로 수익률이 5.03%이지, 원화기준 수익률이 5.03%가 아니라는 점이다. 위 사례에서 만기일에 환전한 환율은 1년 전에 이미 정해진 환율로 원화를 USD로 환전한 것이고, 만기일인 현재 시점(2025. 05. 09.)의 원화금액이 얼마인지는 현재 시점의 현물환율로 평가하여야 할 것이다.

평가일	외화금액(USD)	현물환율	원화금액(KRW)
2025. 05. 09.	1,050,318.37	(가정1) 1,250.00	1,312,897,962
		(가정2) 1,364.00	1,432,634,256
		(가정3) 1,450.00	1,522,961,636

만약 만기일에 현물환율이 1,250원이라고 가정하면 원화기준 평가액은 1,312,897,962원이 되어, 1년 전의 원화평가액 1,364,000,000원보다 오히려 적어 외화평가손실이 발생할 것이다.

만기일에 현물환율이 1년 전의 현물환율 그대로인 1,364원이라고 가정하면 원화기준 평가액은 1,432,634,256원이 되어, 정확히 늘어난 USD 수량의 원화평가금액만큼 늘어날 것이다.

그리고 만기일에 현물환율이 1,450원이라고 가정하면 원화기준 평가액은 1,522,961,636원이 되어, 1년 전의 원화평가액 1,364,000,000원보다 크게 늘어 외화평가이익이 발생할 것이다.

즉, USD Sell & Buy로 'USD 수량'이 1년에 5.03% 늘었다는 의미이지, 1년 후 원화기준 평가금액이 5.03% 증가했다는 의미는 아니다. 거꾸로 말하면 평가시점(만기시점)의 현물환율이 1년 전보다 대략 5% 이상 하락하면 원화기준으로는 오히려 손실이 날 수도 있다는 의미이기도 하다. 1년 간 운용해서 외화수량이 5%가량 늘었음에도 불구하고 1년 후인 현재 시점에 환율하락으로 인해 오히려 원화기준 평가금액이 줄어들 수도 있는 것이다.

따라서 평소에 늘 USD를 보유하고 사용하는 투자자는 원화로 평가함으로 인해 발생하게 되는 외화평가손익과 상관없이 이러한 Sell & Buy 방식으로 USD 수량을 지속적으로 늘려가는 운용을 하는 것이 좋고, 신규로 USD 포지션에 진입하고자 하는 투자자는 가능한 한 낮은 환율에 매수하여 외화보유 수량을 늘려가면서 매도시점을 노리며 환율이 급등하는 시점을 기다리는 것도 좋은 운용방법이다.

환율 안정 시 USD 보유 비중 확대의 필요성

다음 그래프는 1990년부터 과거 30여 년간의 달러-원 환율과 미국 기준금리의 추이를 나타낸 것이다.

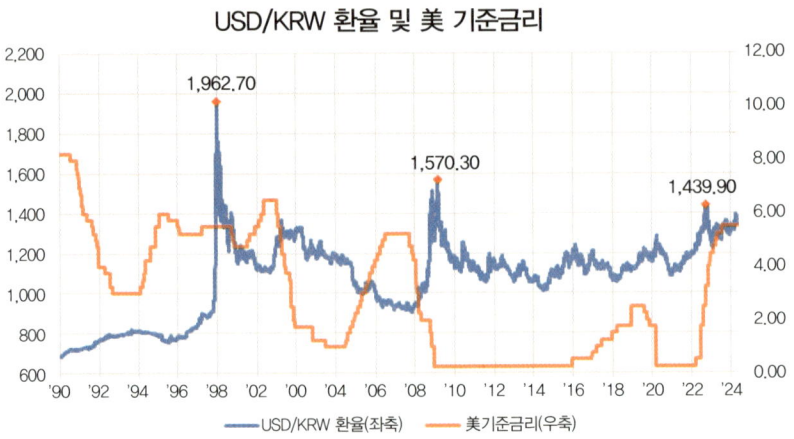

그래프에서 보는 바와 같이 달러-원 환율과 미국 기준금리와의 뚜렷한 상관관계는 찾아보기 어렵다. 미국 기준금리가 오르면 USD 매수 수요가 몰려 환율이 올라갈 것이라는 일반적인 통념이 2010년 이후부터는 비슷하게 맞아 보인다(실제 두 값의 상관계수는 +0.71이다). 그러나 이를 30여 년의 전체 기간으로 보면 그것도 맞는 명제가 아닌 것 같다(실제 두 값의 상관계수는 -0.48이다).

그러나, 우리나라에 환율이 급등하는 시기가 주기적으로 찾아오는 것만은 분명해 보인다. 그게 우리나라의 위기이든, 다른 나라의 위기이든, 국제적인 고물가이든 말이다. 위 그래프에서 달러-원 환율인 파란 실선에서 첫 번째 급등 구간은 'IMF 외환위기'이고, 두 번째 급등 구간은 '리먼 브라더스 사태'이며, 세 번째 급등 구간은 '코로나 이후 물가 급등 시기'이다. 물론 그 고점이 시간이 갈수록 점차 낮게 형성된다는 것은 그만큼 우리나라의 외환 체력이 건전해졌다는 뜻이기도 하겠지만, 잊을 만하면 찾아오는 환율급등과 그로 인한 자산가격 폭락에서 교훈을 얻어, 이제 이를 이용한 자산배분 전략이 필요해 보인다.

물론 환율과 완전 비례하는, 또는 완전 반비례하는 어떤 지표를 찾아낼 수도 있을 것이다. 하지만 그것을 알아낸다 하더라도 그 해당 지표의 향후 움직임을 예측하는 것이 환율을 예측하는 것보다 쉬울 리는 없다. 따라서 앞으로 환율이 과거 환율과 대비해서 진정 기미를 보인다고 판단되면 'USD Sell & Buy 신탁' 상품을 통해 USD 포지션을 일정 부분 보유하는 것도 자산운용의 좋은 방편이다. 이를 통해 한국시장이 외화 유동성이 부족한 유사시, 내가 외화(USD)를 원화(KRW)로 처분한 후 헐값에 원화자산을 매수할 수 있는 기회를 넘보는 '검은 머리 외국인'이 되는 셈이다.

4

채권운용의 위험과 기회

2022년 9월 28일, 김진태 강원도지사가 만기를 하루 앞두고 강원중도개발공사의 회생신청을 하면서 강원도의 지급 의무가 있는 레고랜드 코리아 개발사업 대출채권을 기초로 발행한 2,050억 원의 아이원제일차 ABCP는 다음 날 상환되지 못하고 부도 처리되었다. 물론 시장금리의 상승이 레고랜드 사태로부터 촉발된 것만은 아니다. 비슷한 시기에 국고채 3년물 금리도 3.02%(2022년 8월) → 4.49%(2022년 10월) 수준으로 치솟았다. 하지만 같은 기간 국고채 외 신용물의 금리는 그보다 훨씬 더 높은 수준으로 튀어 올라 시장충격을 훨씬 더 가중시킨 점은 부인할 수 없을 것이다.

이로 인해, CP(기업어음, Commercial Paper), 단기사채를 주요 운용자산으로 하여 이를 만기 미스매칭(mismatching, 보통 단기물보다 장기물의 금리가 높은 점을 이용, 계약의 만기보다 더 긴 만기의 운용자산을 운용함으로써 높은 금리를 추구하는 방법)으로 운용하는 증권사 랩(Wrap)과 신탁의 채권형 상품은 막대한 평가손실로 그 직격탄을 맞게 되는데, 그러한 위험의 전개 양상, 파급 효과와 그 원인 및 개선방향 등에 대해 짚어보고자 한다.

1. 증권사 채권형 랩, 신탁상품의 영업 관행

앞서 증권사 채권형 랩, 신탁상품의 주요 운용자산인 CP 등 채권형 자산의 이익구조를 살펴보았다. 그러면 이제 이러한 CP 등 채권형 자산을 위주로 운용하는 증권사 채권형 랩, 신탁상품은 당시 구체적으로 어떤 방식으로 운용되고 있었고 또 어떤 영업관행이 존재하여 시장에 큰 파급 효과를 불러왔는지 살펴보고자 한다.

(1) 투자자금 수탁 관점에서의 영업 관행

랩, 신탁상품은 그 자체가 금융투자상품이 아니라, 금융투자상품 등을 운용하는 일종의 투자수단 또는 투자기구(Vehicle)로서 투자자금의 조달 역할을 하는 창구로서의 역할 및 기능을 담당하고 있다.

이를 재무상태표(Balance Sheet)로 표현하면 다음 그림과 같이, 대변에서 투자자의 투자자금을 수탁받아(→ 대변은 조달), 차변에서 여러 자산으로 운용(→ 차변은 운용)한 후, 운용한 자산의 수익이 발생하면 계약만기 시 일정 보수를 수취하고 투자자(수익자)에게 수익을 지급하는 구조를 가지고 있다.

수탁시점의 예상 재무제표

(차변)	(대변)
운용자산 (자산)	투자자 원금 (부채)
투자자 이익 (비용계정)	운용수익 (이익계정)

투자자의 자금을 수탁하는 금융기관의 입장에서의 회계처리를 나타낸 것으로서, 투자자가 자금을 맡기면 이는 금융기관의 입장에서는 부채가 되고 운용지시 등에 따라 자산을 매수하여 보유하게 될 것이다. 해지 시에는 운용자산의 처분 등을 통해 운용수익이 이익으로 잡히게 되고, 투자자에 지급하는 이익은 금융기관의 입장에서는 비용으로 처리함으로써 차대가 맞게 될 것이다.

위 그림에서 보면, 신탁이나 랩 상품으로 투자자의 자금을 받은 후 CP 등 채권형 자산으로 운용한 후 이자수익이 발생하면 수탁자인 랩, 신탁 계정은 이를 '운용수익(이익계정)'으로 인식한다. 추후 랩, 신탁 계약만기가 되어 출금하는 경우 수탁자인 랩, 신탁 계정은 이를 '투자자 이익(비용계정)'으로 인식하여 출금한다.

뜻하지 않게 매매손실 등이 발생하는 경우에는 수탁자 입장에서는 운용자산의 손실을 '운용손실(비용계정)'로 인식한 후 '투자자 손실(이익계정)'로 아래 그림과 같이 이를 투자자에게 귀속시킴으로써 차대를 일치하도록 해야 함과 동시에 '투자 손익의 자기책임 원칙'을 준수하고, 나아가 시장 질서를 교란하지 않도록 해야 한다.

계약만기시점의 재무제표

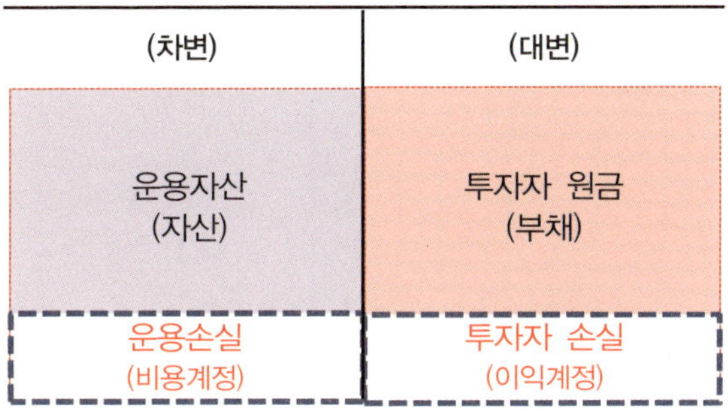

(차변)	(대변)
운용자산 (자산)	투자자 원금 (부채)
운용손실 (비용계정)	투자자 손실 (이익계정)

해지 시 손실이 발생한 경우에는 운용자산의 처분 등을 통해 운용손실을 비용계정으로 회계처리 하고, 투자자에게 귀속되는 손실은 수탁자인 금융기관의 입장에서는 이익계정으로 처리함으로써 차대가 맞게 되는 것이다.

그러나, 예상과는 다르게 시장금리의 급등으로 평가손실 또는 매매손실이 발생했을 경우 랩, 신탁 계약 시점에 예상되었던 투자수익이 발생하지 않았음에도 불구하고 투자자의 투자자금을 지속적으로 유치하기 위해 오히려 투자자에게 수익을 지급하면 아래 그림과 같이 운용자산이 과대계상 되어 이곳저곳으로 매매될 경우 그 평가손실이 다른 계좌나 다른 계정에 전가되는 결과를 낳게 될 수 있다.

계약만기시점의 재무제표

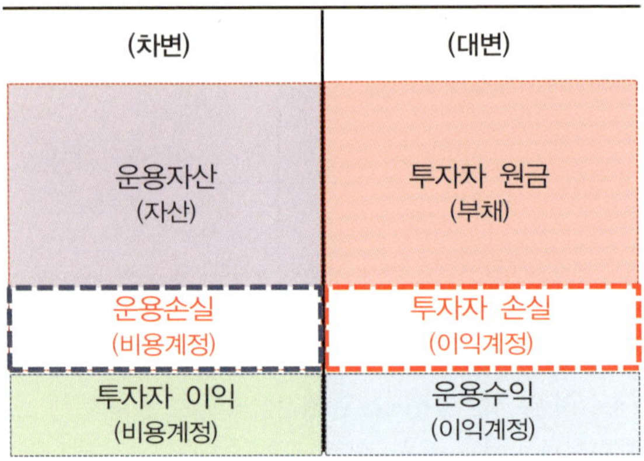

(차변)	(대변)
운용자산 (자산)	투자자 원금 (부채)
운용손실 (비용계정)	**투자자 손실 (이익계정)**
투자자 이익 (비용계정)	운용수익 (이익계정)

해지 시 평가손실 등이 발생하였으나 이를 투자자에게 귀속시키지 않고 운용자산을 과대계상한 상태로 다른 계좌에 매매하는 경우 결국 그림과 같이 자산의 거품이 다른 누군가의 손실로 귀속되는 결과를 초래하게 될 것이다.

(2) 투자자금 운용 관점에서의 영업 관행

이번에는 앞서 살펴본 채권형 운용자산의 수익률 곡선 그래프를 통해 운용자산을 어떻게 매매했는지보다 직관적이고 구체적으로 살펴보자.

투자자의 자금을 유치하여 3년 만기 CP를 매수한 후, 이를 3개월 단위로 4번 재투자하면서 1년을 보유하는 가상의 시나리오를 가정하여 설명한다.

1번째 3개월

우선 최초 시점에 투자자(법인)가 3개월 운용자금을 집행하는 데 여러 증권사로 하여금 경쟁적으로 입찰하게 하여 3개월 시장금리보다 훨씬 높은 3.00%의 수익률로 한 증권사 랩 또는 신탁상품으로 낙찰을 받았다고 가정해 보자. 현재 3년 만기 ○○캐피탈 CP 할인율이 2.47%이고 일반적으로 만기가 짧으면 금리가 더 낮으므로(수익률 곡선이 우상향하므로) 3개월 자산의 금리는 이보다 훨씬 낮을 것이다(1.50% 수준). 실제로 한국은행 기준금리는 1.00% 수준에 불과하다.

그러나, 잔고와 수익을 늘리고 싶은 영업직원이, 금리 입찰을 통해 시장금리보다 높게 결정된 금리 3.00%를 맞춰달라고 랩, 신탁 운용역을 종용하여, 이에 랩, 신탁 운용역은 아래 그림과 같이 3년 만기 CP를 2.47%에 매수하고 3개월 후 이보다 0.05% 낮은 2.42%에 매도하여 자본이익을 실현시킴으로써 합계 수익률로 3.00%를 달성할 '계획'임을 법인영업 직원에게 전달했고, 해당 직원이 이를 근거로 입찰하여 투자자금을 낙찰받았다.

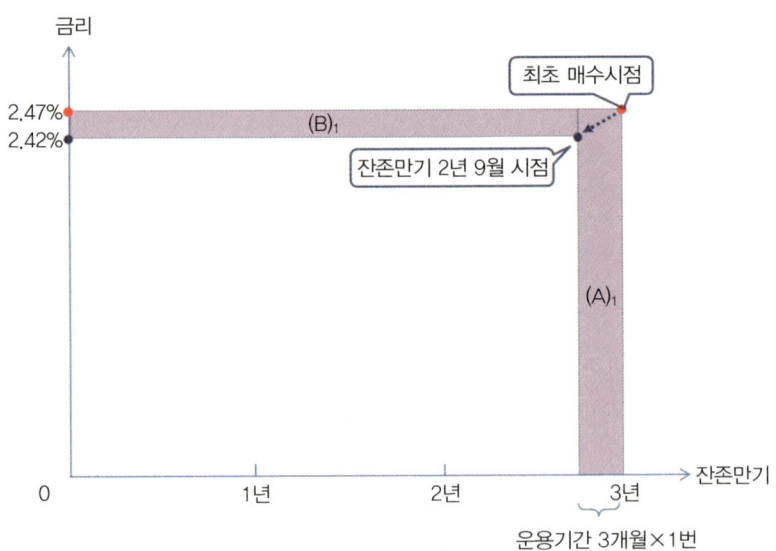

3년 만기 CP를 2.47%에 매수하여 3개월 운용 후 잔존만기 2년 9월물을 0.05% 낮추어 2.42%에 매도하면, 3개월간의 이자수익 (A)1과 잔존만기 2년 9월의 자본차익 (B)1를 합쳐 연환산수익률로 3.02%의 투자수익률을 달성할 수 있을 것이다.

운용역은 운용자산(2.47%)이 현재 기준금리(1.00%)보다 1.47%나 높고 지금까지 기준금리도 많이 올라왔기 때문에 추가적인 인상분은 크지 않을 것으로 보았고, 금융상품 법인영업직원의 부탁과 윗선으로부터의 실적 압박감 등이 동시에 작동하여 과감하게 3년 만기 물건을 매수하기로 한다.

앞서 설명한 방식대로 최초 3개월간의 투자수익률을 계산하여 이를 연환산 하면 다음과 같이 약 3% 정도로 계산된다.

> 최초 3개월 투자수익률 = 나의 만기보유수익 − 다음 매수자의 만기보유수익
> = 2.47% × 3년 − 2.42% × 2.75년
> = 0.755% / 0.25년 (→ 연환산)
> ⇒ 3.02% (≒3.00%)

그렇게 3개월이 경과하였고 운용역은 예정대로 2.42%에 매도하여 수익률을 맞춰서 출금하였다. 투자자도 운용자산의 만기를 몇 년 이내로 제한한다는 별도의 운용지시를 하지 않았으므로 운용역은 이를 대수롭게 생각하지 않았을 것이다.

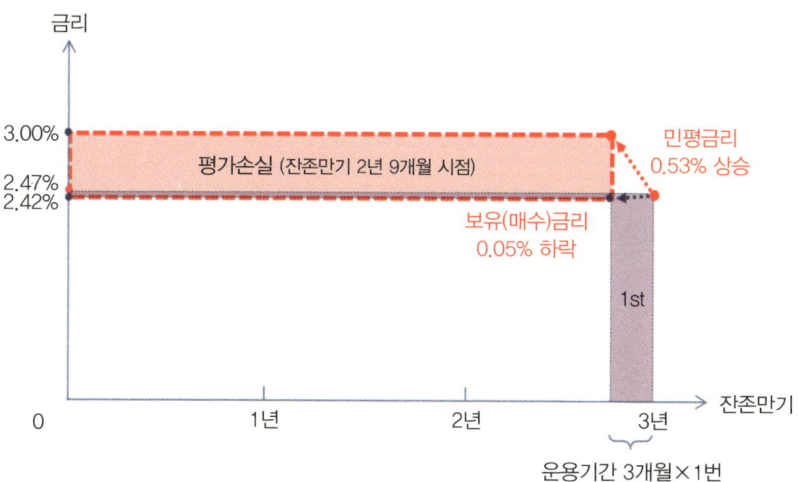

3년 만기 CP를 2.47%에 매수하여 3개월 운용 후, 시장금리가 3.00% 수준으로 크게 상승했음에도 잔존만기 2년 9월물을 0.05% 낮추어 2.42%에 매도하면, 잔존만기 2년 9월 시점의 운용자산 평가손실은 붉은색 음영 부분만큼 발생할 것이다.

그런데 운용역의 예상과는 달리 3개월 만에 시장금리가 제법 올라서 보유금리가 민평금리보다 0.53%(=3.00%-2.47%) 낮은 수준인데, 목표한 투자수익률을 맞추기 위해 금리를 0.05%(=2.47%-2.42%) 더 낮게 매도할 수밖에 없었고 결과적으로 보유금리는 민평금리보다 0.58%(=3.00%-2.42%) 낮아졌다. 이를 바꿔 말하면, 최초에 3년짜리 CP를 매수하여 3개월 투자수익률을 제안하는 시점에 3개월 후의 시장금리와 상관없이 이미 0.05% 낮은 금리로 매도하는 것으로 정해졌다는 뜻이기도 하다. 결과적으로 만기 2년 9개월이 남은 시점에 벌써 평가손실이 상당금액 [(2.42%-3.00%)×2.75년=-1.60%] 발생하였다.

여기서 한 가지 의문점이 제기될 수 있다. 분명히 2.42%에 '매도'해서 투자자에게 수익을 지급했다고 했는데 '다시 보유하고 있다'니 무슨 말인지 혼동될 것이다.

이는 크게 3가지 경우가 있을 수 있는데 ① 기존 투자자의 투자자금 재투자로 인해 운용자산을 매도 후 바로 다시 재매수하는 경우, ② 기존 투자자의 운용자산을 매도하여 출금 후 매도한 물건과 비슷한 다른 물건을 같은 운용역이 운용하는 다른 계좌에서 매수(교체매매)하는 경우, ③ 다른 회사(투자중개업자 또는 타사 랩, 신탁 등) 계정에 임시로 매도하는 경우 등이다. 이는 과거로부터 암묵적으로 행하여져 왔으나 어느 경우라도 불건전 영업행위이기 때문에 절대로 해서는 안 되는 행위이다.

감독당국도 이를 인지하여 2023. 07. 03. 보도자료를 통해 이러한 위법사항에 대해 엄정조치하여 더 이상 잘못된 관행이 지속되지 않도록 시장질서를 바로잡을 것임을 밝혔다.

2번째 3개월

다시 본론으로 돌아와서, 시장금리보다 월등히 높은 금리로 3개월 동안의 수익을 향유한 투자자는 투자자금을 3개월 재투자하기로 한다. 시장금리는 그새 더 높게 올라갔으므로, 투자자는 실세금리를 반영하여 입찰한 결과 2번째 3개월 운용금리는 3.60%로 결정되었다. 지난 첫 번째 3개월 때는 0.05%만 낮춰 매도해도 됐던 것이, 이번에는 0.12%를 낮춰 매도해야 투자자의 수익률을 맞출 수 있는 상황이 되었다.

> 2번째 3개월 투자수익률 = 나의 만기보유수익 − 다음 매수자의 만기보유수익
> = 2.42% × 2.75년 − 2.30% × 2.50년
> = 0.905% / 0.25년 (→ 연환산)
> ⇒ 3.62% (≒3.60%)

왜냐면 그사이 보유금리도 낮아졌고, 잔존만기도 3개월 짧아졌을 뿐만 아니라, 시장금리도 높아졌기 때문이다. 하지만 이미 시장금리와 현재 보유자산의 금리 차이가 꽤 벌어져서 기존 투자자가 재투자를 해주지 않으면 안 되는 상황이라 운용역은 경쟁입찰에서 금리를 높게 부를 수밖에 없었다.

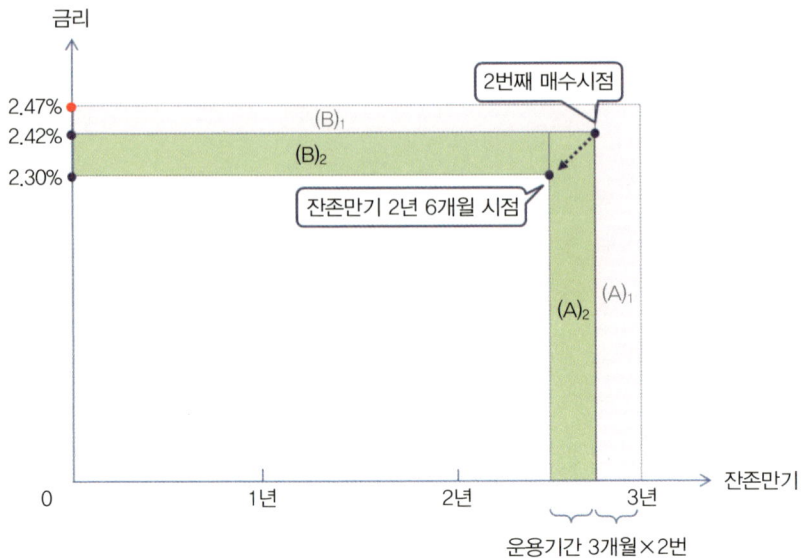

2년 9월 만기 CP를 2.42%에 매수하여 3개월 운용 후 잔존만기 2년 6월물을 0.12% 낮추어 2.30%에 매도하면, 3개월간의 이자수익 $(A)_2$과 잔존만기 2년 6월의 자본차익 $(B)_2$를 합쳐 연환산수익률로 3.62%의 투자수익률을 달성할 수 있을 것이다.

또 그렇게 3개월이 경과 후 운용역은 예정대로 2.30%에 매도하여 수익률을 맞춰서 출금하였다. 이를 그림으로 이해하면 위와 같을 것이다.

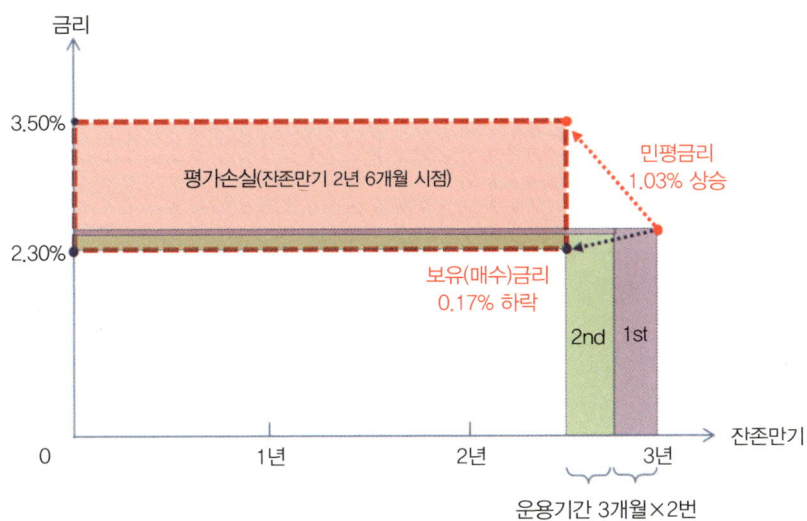

3년 만기 CP를 2.47%에 매수한 후 6개월 만에 시장금리가 3.50% 수준으로 1.00% 이상 크게 상승한 데 반해 보유금리는 더 낮아져, 잔존만기 2년 6월 시점에 평가손실은 붉은색 음영 부분만큼 크게 발생했다.

3개월 후인 잔존만기 2년 6개월 시점에 위 그림에서 보는 바와 같이 시장금리 즉, 민평금리는 그사이 더 높아져 잔존만기가 3개월 줄어들었음에도 불구하고('다음 매수자의 만기보유수익' 계산에서 가로축인 잔존만기가 3개월 줄었음에도 불구하고, 세로축인 금리상승분이 더 크므로) 운용자산의 평가손실[(2.30%−3.50%)×2.50년＝−3.00%]은 더 확대되었다.

3번째 3개월

이제 2번째 3개월 투자기간의 계약만기시점에, 다시 3번째 3개월 목표 투자수익률을 제안해야 하는데 시장 유동성이 급감하여 경쟁입찰을 통해 결정된 3개월 수익률은 5.00%가 되었다. 이를 위해서는 이번에는 0.30%나 낮게 매도해야 달성할 수 있는 수준의 금리이다.

> 3번째 3개월 투자수익률 = 나의 만기보유수익 − 다음 매수자의 만기보유수익
> = 2.30% × 2.50년 − 2.00% × 2.00년
> = 1.25% / 0.25년 (→ 연환산)
> ⇒ 5.00%

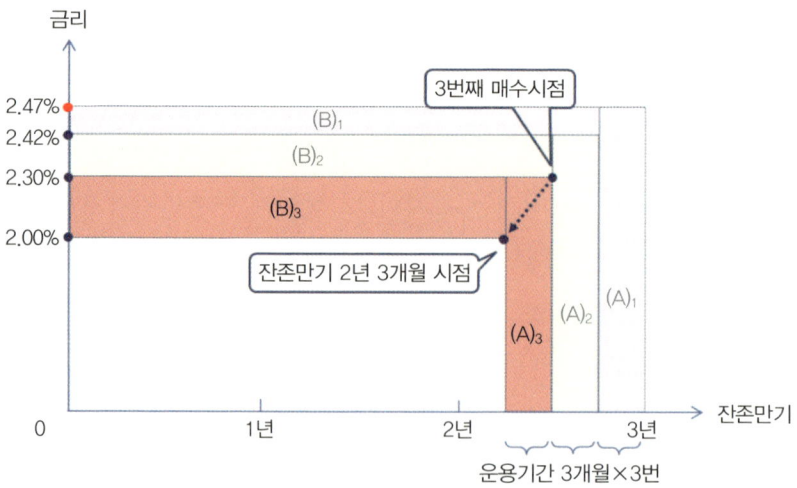

2년 6월 만기 CP를 2.30%에 매수하여 3개월 운용 후 잔존만기 2년 3월물을 0.30% 낮추어 2.00%에 매도하면, 3개월간의 이자수익 $(A)_3$와 잔존만기 2년 3월의 자본차익 $(B)_3$를 합쳐 연환산수익률로 5.00%의 투자수익률을 달성할 수 있을 것이다.

3개월 후인 잔존만기 2년 3개월 시점에도 아래 그림에서 보는 바와 같이 민평금리는 더 높아져 운용자산의 평가손실[(2.00%−4.00%)×2.25년 =−4.50%]은 더 확대되었다.

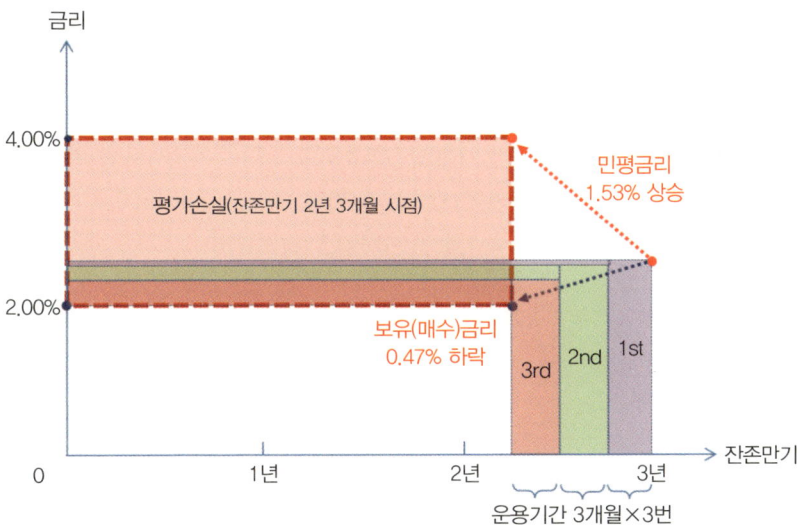

3년 만기 CP를 2.47%에 매수한 후 9개월 만에 시장금리가 4.00% 수준으로 1.50% 이상 크게 상승한 데 반해 보유금리는 더 낮아져, 잔존만기 2년 3월 시점에 평가손실은 붉은색 음영(점선) 부분만큼 더 크게 늘어났다.

4번째 3개월

3번째 3개월 투자기간의 계약만기시점에, 다시 4번째 3개월 목표 투자수익률을 제안해야 하는데 경쟁입찰을 통해 결정된 3개월 운용금리는 더욱더 높아져 이제 거의 공황 수준인 6.00%가 되었다. 이번에는 0.50%나 낮게 매도해야 달성할 수 있는 수준의 금리이다.

> 4번째 3개월 투자수익률 = 나의 만기보유수익 - 다음 매수자의 만기보유수익
> = 2.00% × 2.25년 - 1.50% × 2.00년
> = 1.50% / 0.25년 (→ 연환산)
> ⇒ 6.00%

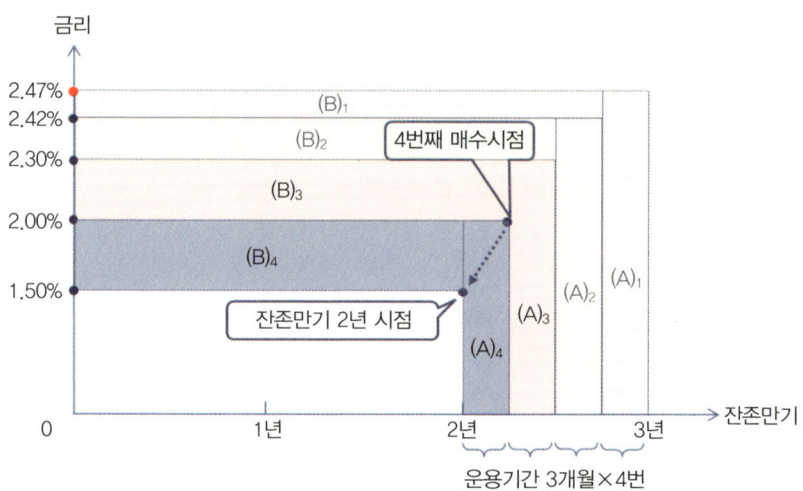

2년 3월 만기 CP를 2.00%에 매수하여 3개월 운용 후 잔존만기 2년물을 0.50% 낮추어 1.50%에 매도하면, 3개월간의 이자수익 $(A)_4$와 잔존만기 2년의 자본차익 $(B)_4$를 합쳐 연환산수익률로 6.00%의 투자수익률을 달성할 수 있을 것이다.

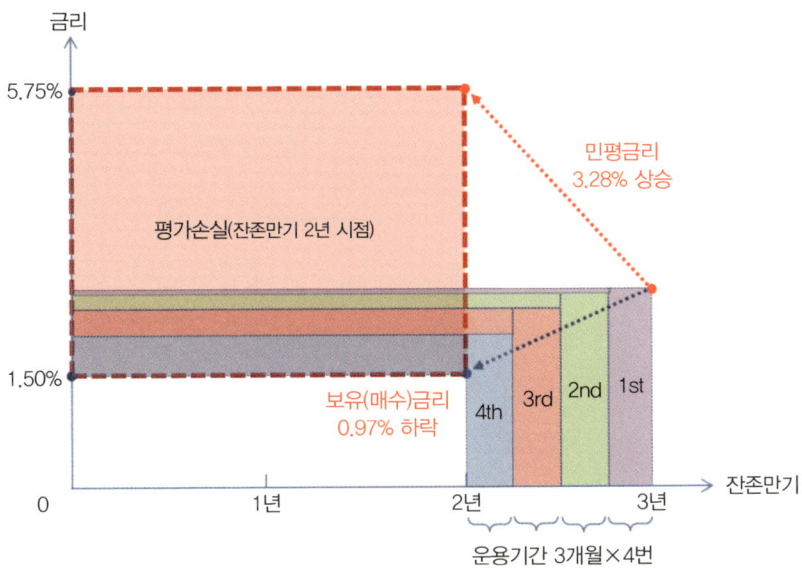

3년 만기 CP를 2.47%에 매수한 후 1년 만에 시장금리가 5.75% 수준으로 3.28% 이상 크게 상승한 데 반해 보유금리는 더 낮아져, 잔존만기 2년 시점에 평가손실은 붉은색 음영 부분만큼 크게 늘어났다.

3개월 후인 잔존만기 2년 시점에 위 그림에서 보는 바와 같이 민평금리는 더 높아져 운용자산의 평가손실[(1.50%−5.75%)×2년=−8.50%]은 이제 더 이상 손쓸 수 없을 정도로 확대되었다.

지금까지 시장금리 즉, 민평금리가 급격히 올라가는 와중에 오히려 매매금리는 낮아져 평가손실이 급격히 늘어나는 파급경로를 구체적으로 설명하였다. 이를 하나의 그림으로 도식화하면 다음 그림과 같이 표현할 수 있을 것이다.

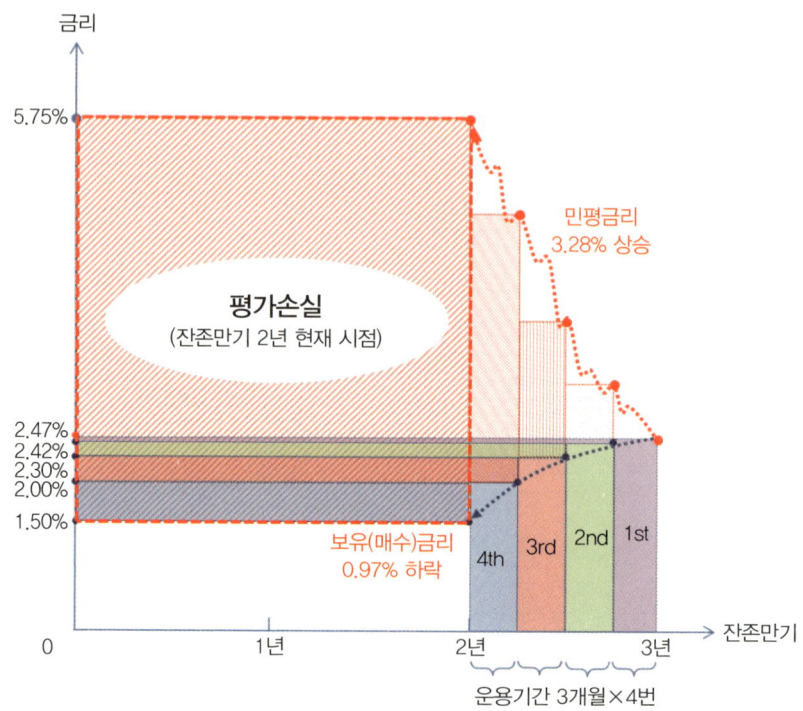

3년 만기 CP를 매수한 후 3개월 단위로 재투자하면서 1년 만에 시장금리가 크게 상승한 데 반해, 투자수익률을 맞추기 위해 오히려 보유금리는 낮아져 잔존만기 2년 시점의 평가손실은 붉은색 점선 부분만큼 크게 늘어났다.

앞서 기술한 바와 같이 잔존만기 2년 시점의 평가손실은 −8.50% [=(1.50%−5.75%)×2년]이다. 운용자산 액면가액 100억 원이라면 평가손실금액은 △8.5억 원이고, 운용잔고 1조 원이면 △850억 원, 대형사의 경우 랩, 신탁 채권형 상품잔고 10조 원을 가정하면 △8,500억 원이라는 상상을 초월하는 평가손실이 발생한 것이다.

2. 대규모 평가손실 발생 이후의 전개 양상

앞서 만기불일치 방식으로 운용하는 증권사 채권형 랩, 신탁상품의 대규모 평가손실의 전개 양상에 대해 알아보았다. 그러나 시장환경이 변하지 않고 늘 그대로 머물러 있는 법은 없다. '물극필반(物極必反)'이라 했던가. 끝을 모르고 오를 것만 같던 금리도 다시 조금씩 떨어져 안정을 찾고 시장참여자 대부분이 공황상태에 빠져 있을 때, 그 상황을 오히려 기회로 보고 들어오는 투자자도 있는 법이다. 그러면 이제 이러한 채권형 랩, 신탁상품의 평가손실은 이후에 어떻게 되는지 알아보자.

(1) 금리가 보합인 경우

앞선 사례에서 잔존만기 2년 시점에 평가손실이 $-8.50\%[=(1.50\%-5.75\%)\times 2년]$만큼 발생했지만, 과거에 이미 인식한 이익은 매몰비용으로 간주하고, 다시 손실을 실현시키고 싶지 않은 투자자는 운용자산을 시장에 매도하지 않고 계속 보유하기로 결정했다고 가정해보자.

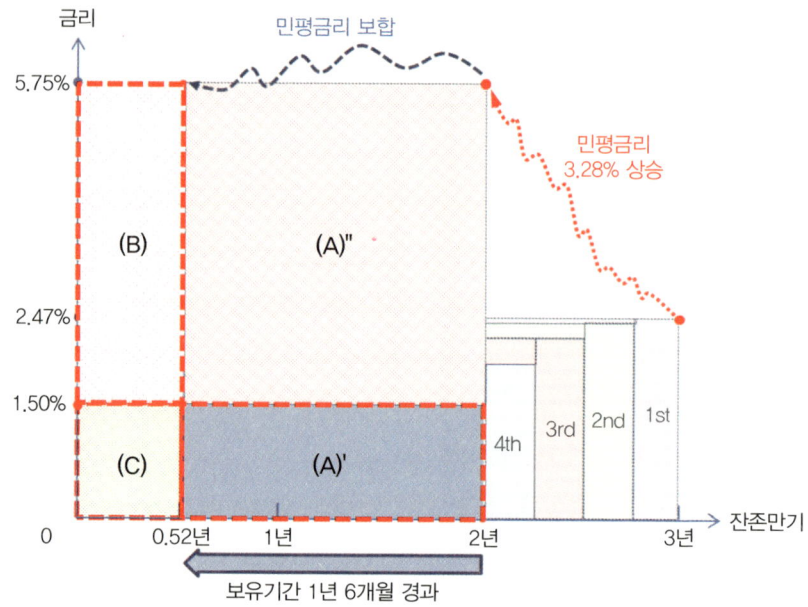

잔존만기 2년 시점의 평가손실은 8.50%[=(1.50%−5.75%)×2년]이고 위 그림에서 (A)"+(B)에 해당한다. 잔존만기 2년 시점에 투자한 투자자 입장에서 보면 '나의 만기보유수익'인 (A)'+(C) 부분과 '다음 매수자의 만기보유수익'인 (B)+(C) 부분이 같아지는 지점이 투자원금을 회복하는 지점이다.

시간이 경과하면서 시장금리가 만약 더 상승한다면 평가손실은 더 늘어나겠지만 금리가 보합 수준이라면 다시 1년 6개월가량 경과한 후에야(잔존만기 약 6개월(0.52년) 시점에) 잔존만기 2년 시점에 투자한 투자원금을 회복하게 된다.

이를 자세히 분해해 보자. 잔존만기 2년 시점에 평가손실은 (A)"+(B) 부분이었다. 시간이 경과하면서 새로운 나의 투자기간(잔존만기 2년→6개월) 동안 새로운 매수금리의 이자수익인 (A)' 부분 만큼이

늘면서 평가손실 중 (A)" 부분 만큼이 줄어든다.

특이할 부분은 평가손실이 크게 발생한 잔존만기 2년 시점에서 보면, 보유기간(투자기간)을 하루씩 늘리면 평가손실은 매일 매수금리인 연 1.50% 만큼씩 줄어드는 것이 아니라, 당시의 민평금리인 연 5.75%씩 줄어든다는 점이다.

바꿔 말하면, 어차피 평가손실은 매일 민평금리(5.75%)의 1일 이자수익만큼 줄어들기 때문에 굳이 낮은 금리의 자산(1.50%)을 팔고 새로운 높은 금리의 자산(5.75%)을 매수할 필요가 없다는 의미이다. 왜냐면 낮은 금리의 자산을 매도하려면 어차피 시장금리인 5.75% 수준에 매도를 해야 할 것이므로 동일 금리로 팔고, 다시 동일 금리로 살 이유가 없는 것이다. 더구나 매매비용과 매도 시 세금까지 추가로 빠질 것이기 때문에 교체 매매에 따른 실익이 없다는 것이다.

결과적으로 잔존만기 2년 시점의 새로운 매수금리인 1.50%로 계산한 '나의 만기보유수익 [(A)'+(C)]'와 '다음 매수자의 만기보유수익[(B)+(C)]'이 같아지는 지점이 원금을 회복하는 시점일 것이다.

(2) 금리가 하락하는 경우

이번에는 금리가 하락하는 경우를 가정해 보자. 시간이 경과하면서 시장금리가 등락을 거듭한 끝에 해당물건의 민평금리가 4.00% 수준으로 하락하면 1년 3개월이 경과한 후(잔존만기 9개월 시점에) 잔존만기 2년 시점에 투자한 투자원금을 회복하게 된다.

이를 자세히 살펴보면 아래 그림과 같다.

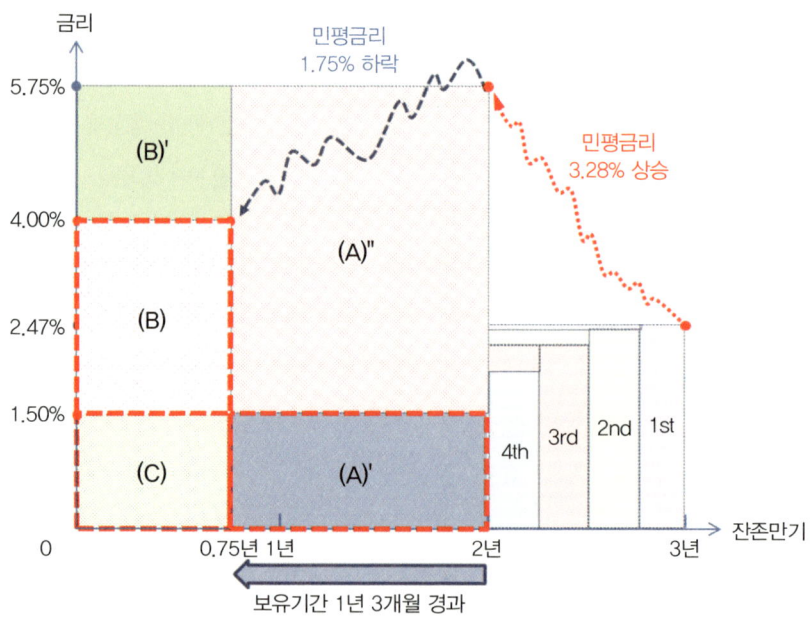

잔존만기 2년 시점의 평가손실은 −8.50%[=(1.50%−5.75%)×2년]이고 위 그림에서 (A)″+(B)′+(B)에 해당한다. 잔존만기 2년 시점에 투자한 투자자 입장에서 보면 '나의 만기보유수익'인 (A)′+(C) 부분과 '다음 매수자의 만기보유수익'인 (B)+(C) 부분이 같아지는 지점이 투자원금을 회복하는 지점이다.

잔존만기 2년 시점에 평가손실은 (A)"+(B)'+(B) 부분이었다. 시간이 경과하면서 새로운 나의 투자기간(잔존만기 2년 → 9개월) 증가로 인해 새로운 매수금리의 이자수익이 (A)' 부분만큼 늘고 평가손실 중 (A)" 부분만큼이 줄어들었다.

그리고 시장금리도 1.75%(5.75% → 4.00%) 하락하면서 '다음 매수자의 잔존만기 동안의 금리하락분'인 (B)' 부분만큼의 평가손실도 줄어들었다. 결과적으로 다음 매수자의 만기보유수익인 (B)+(C) 부분을 제외한 (A)"+(B)' 부분만큼의 평가손실이 줄어들었다.

따라서, 잔존만기 2년 시점의 새로운 매수금리인 1.50%로 계산한 '나의 만기보유수익[(A)'+(C)]'과 '다음 매수자의 만기보유수익[(B)+(C)]'이 같아지는 지점이 원금을 회복하는 시점일 것이다.

3. 새로운 투자 문화 정착의 필요성

앞서 살펴본 사례는 가상의 상황을 가정한 것이지만 실제 2021년 11월부터 2022년 11월까지 1년간의 자료를 기반으로 추정해 본 것이다. 실제로 이와 비슷한 상황이 충분히 벌어질 수 있을 것으로 추정된다. 이에 이 장의 모두에서 언급한 대로 이를 개선하기 위해 각각의 시장참여자 입장에서 어떠한 노력이 필요할지 점검해 보고자 한다.

(1) 랩, 신탁 채권운용역의 관점

앞선 사례에서 운용자산의 만기가 3년에서 2년으로 1년 줄어들었음에도 불구하고 시장금리는 오히려 3.28%나 상승한 것이 평가손실의 주된 요인이다. 하지만, 목표한 수익률을 맞추기 위해 운용자산의 금리를 0.97% 낮춰 매도하여 손실이 확대된 이유가 존재하는 것 또한 부인할 수 없는 사실이다. 이는 당연히 투자자의 목표수익률을 맞춰 출금하여 투자자의 자금을 재유치하기 위한 목적이었을 것이다.

그러나 랩, 신탁 등 상품은 채권형 상품이라 하더라도 금융투자업 규정상 수익률을 제시할 수 없으며, 더군다나 운용자산을 만기보유하는 것이 아니라 중도에 매도하는 경우에는 투자수익률을 사전에 미리 알 수가 없으므로 더더욱 목표수익률을 제시해서는 안 된다. 당연히 운용역들도 이를 모르는 바는 아닐 것이다.

그러나 냉정하게 생각해 보자. 채권형 랩, 신탁상품은 계약에 의거, 투자자의 운용지시에 따라 금융투자상품 등을 운용하고 계약만기 시 그 손익을 그대로 투자자에게 귀속시키는 일종의 금융 서비스로서 그 자체로 금융투자상품은 아니다. 이것이 무슨 의미일까? 랩, 신탁의 수익률을 제시해서도 안 되지만 설사 제시했다 치더라도 그것은 그야말로 목표수익률일 뿐이며 '신탁 또는 랩의 고유계정이 상환의무를 갖는 부채의 개념이 아니다'는 것을 다시 한번 상기할 필요가 있다.

무리하게 수익률을 맞추기 위해 자산의 금리를 낮추는 행위는 단독운용을 기본으로 하는 랩, 신탁 운용의 근간을 해치고 투자자와의 신뢰를 무너뜨리는 행위임을 잊어서는 안 될 것이다.

투자신탁 등 펀드도 1980년대에 지금의 랩, 신탁과 비슷한 과정을 거쳐 현재와 같이 운용사, 판매사, 수탁사, 일반사무관리회사 등으로 그 역할이 나뉘어졌고, 그 이후로는 민평금리로 거래하는 것이 당연한 일이 되었다. 증권사 랩, 신탁 운용역들도 이번 사태를 계기로 이제 민평금리로 거래하는 투자 관행을 정착시켜야 한다.

(2) 금융상품 법인영업 직원의 관점

필자가 영업직원과 동행영업을 나가보면 법인고객 투자자의 자금운용 담당자에게 시장상황을 브리핑하고 규정상 수익률을 제시할 수 없다는 말씀을 드리면, 자금운용 담당자는 "수익률을 제시하지 않으면 저보고 수의계약 하라는 말이냐?"라고 반문하는 것이 현실임을 부인할 수는 없다. 규정과 현실이 충돌하는 부분이다. 그렇다고 규정에 반하는 행위를 할 수는 없다.

증권사 자체의 채권, CP, 단기사채 또는 확약물은 증권사의 부채가 맞다. 그래서 고유계정에서 반드시 상환해야 하는 의무가 있다. 그러나 앞서 언급한 대로 랩, 신탁의 수익률은 펀드와 마찬가지로 그야말로 목표수익률일 뿐이며 증권사 고유계정이 상환의무를 갖는 부채가 아니다.

증권사 금융상품 법인영업 직원들은 이러한 사실을 충분히 인지하고 법인고객 투자자 영업에 임해야 할 것이다. 영업직원도 투자자의 운용자산 조건이 어떻다는 것은 반드시 알아야 하고, 단기간에 시장금리가 급등하면 손실이 발생할 수 있다는 사실을 인지해야 한다. '나는 운용역이 준 금리대로 영업했을 뿐'이라고 주장하며, 해지일에 반드시 수익률을 맞추어 출금해 달라고 운용역에게 강요하는 일은 없어야 할 것이다.

증권사 '영업직원'과 '운용역'은 랩, 신탁 등 투자상품의 각각 '대변'과 '차변'을 담당하여 투자자금의 '조달'과 '운용'의 역할을 맡고 있으며 따라서 한 팀과 같이 협력해야 한다. 조달을 담당하는 '대변'의 급격한 증감에 항상 높은 수익률로 보답할 수 있는 '차변'은 없다.

더구나 현재 대부분의 증권사 운용역은 관리직원일 뿐이다. 결국 수익은 영업직원에게 귀속되는데, 위험은 운용역에게 전부 떠넘기는 불균형이 존재해서는 안 될 것이다.

(3) 법인고객 투자자의 관점

이 사태의 원인을 한번 역으로 추정해 보자.

여기서 '이 사태'라고 함은 랩, 신탁상품의 엄청난 금액의 평가손실 문제이다. 그럼 이 평가손실은 어디서 왔을까? 앞에서 살펴봤듯이 직접적으로는 시장금리가 크게 오른 동시에 손실을 회피하기 위해 낮은 금리로 매도한 것이 원인이다. 시장금리가 크게 오른 것은 시장환경이므로 우리가 제어할 수 없는 변수이니 제외해야 하겠지만, 금리가 어떻게 될지 알 수 없는 상황에서 섣불리 만기가 긴 자산을 운용한 데다(듀레이션 관리 실패), 금리까지 더 낮춰 매도하여 평가손실이 확대되었다는 점이다. 우선 한 가지 원인은 찾았다. 계약의 만기보다 지나치게 만기가 긴 자산을 운용한 것이 첫 번째 원인이라고 볼 수 있다.

계속해서 추가적인 원인을 찾아보자. 그럼 금리를 낮춰 매도한 이유는 무엇일까? 이는 손실을 회피하고 예정된 수익률을 얻기 위해서일 것이다. 그럼 왜 예정된 수익률을 달성해야 하는가? 당연하게도 이는 제시된 목표수익률이 있기 때문이다. 그럼 왜 시장금리대로 수익을 주는 것이 아니라 제시된 목표수익률을 달성해야 하는가? 그건 목표수익률을 달성하지 못하면 투자자 법인의 투자 집행 자금을 다시 받을 수 없는 페널티를 받을 수 있기 때문이다. 그럼 투자자 법인은 왜 페널티를 부과할까? 그건 법인 투자자가 투자자금 집행 시 '금리(투자수익률) 입찰'을 하여 마치 확정수익률처럼 인식했기 때문일 것이다. 두 번째 원인이다. 랩, 신탁 계약의 만기와 운용자산의 만기를 일치시키지 않는 방식(미스매칭)의 운용에서 확정수익률은 있을 수 없다.

나의 투자수익 = (나의 만기보유수익) - (다음 매수자의 만기보유수익)
투자수익률(연) = 투자수익률 ÷ 투자기간

앞서 설명한 '나의 투자수익' 계산에서 '다음 수익자의 만기보유수익'을 알 수 없는데 '나의 투자수익'을 구할 수는 없을 것이다. '나의 투자수익'을 알 수 없으면 당연히 '투자수익률'도 구할 수 없는데 이를 근거로 금리입찰을 했으니 제대로 지켜질 수가 없을 것이다.

추가적인 원인이 또 있다. 그럼 투자자는 왜 투자자금 집행 시 금리입찰을 하는가? 법인 투자자는 자금집행 규정상 불가피함을 주장할 것이다. 그리고 그건 금융기관별로 금리 경쟁을 유도하여 공정경쟁을 통한 투명한 자금집행으로 불필요한 유착관계를 끊고 높은 금리를 얻기 위함일 것이다.

세 번째 원인도 나왔다. 결국 '공정경쟁'의 미명하에 이루어진 '무리한 경쟁입찰 유도'이다. 달리 말해 높은 수익을 얻기 위함이다. 그런데 이게 틀렸다. 랩, 신탁상품은 증권사 발행채권, CP, 단기사채나 확약물과는 달리 증권사 고유계정의 지급의무가 있는 상품이 아니기 때문이다. 랩, 신탁 계정은 금융투자상품 등을 운용하는 일종의 투자수단(Vehicle)일 뿐이다. 아무리 안전한 자산으로 운용하라고 운용지시를 하더라도 계약의 만기와 운용자산의 만기가 다른 이상 위험에 노출이 되어 있다. 금리상승위험이다.

지난 20여 년의 금융시장을 되돌아보면 금리상승위험이 채무불이행위험보다 결코 더 작다고 할 수 없을 것이다. 동일 기준으로 비교하긴 어렵지만 느낌상으로는 오히려 금리상승위험이 더 큰 것 같다. 더구나 신용물을 가지고(국고채가 아니라), 그것도 평균 한 달도 안 되는 짧은 기간에(투자자 법인이 증권사 랩, 신탁에 자금을 맡기는 기간은 평균 한 달 정도에 불과하다), 물건을 샀다가 팔았다가 하면서 시장금리보다 항상 높은 수익률을 제공한다? 몇 번은 가능해도 매번 그렇게 하는 건 불가능하다.

투자자 입장에서 금리 입찰을 해서는 안 되는 이유가 하나 더 있다. 과도한 금리 입찰은 랩, 신탁 운용주체로 하여금 운용자산의 만기보유수익률보다 더 높은 수익률을 투자자에게 제시하게 함으로써, 결과적으로 시장금리 급등 시 환매 중지 등으로 인해 투자자 손실로도 이어질 수 있으므로 단순히 금리만으로 입찰해서는 안 될 것이다.

반드시 금리 입찰을 해야 하는 경우라면 계약기간의 만기와 운용자산의 만기를 일치시키는 만기매칭 방식의 운용 비중을 늘릴 수밖에 없을 것이다. 그게 아니라면 시장금리의 등락에 따른 투자수익률의 변동 및 그에 따른 매매(평가)손익 등을 온전히 투자자의 몫으로 귀속시키는 '투자자 자기 책임의 원칙'에 따르는 수밖에는 없을 것이다.

또 한 가지 다른 방법이 있긴 하다. 랩, 신탁을 운용하는 증권사는 랩, 신탁상품의 목표수익률에 대한 지급의무가 없지만, 증권사의 지급의무가 생기도록 투자자가 세팅을 하면 된다. 즉, 증권사의 지급의무가 있고, 만기가 짧은 운용자산 가령, 증권사 자체 신용으로 발행하는 채권, CP, 단기사채 및 증권사 확약물을 만기보유 하면 이런 문제가 생기지 않을 것이다. 더구나 증권사 확약물의 경우에는 상대적으로 금리도 높아 안전성과 동시에 투자수익률도 높일 수 있다. 자기자본 규모 몇 조 단위의 큰 증권사가 아무런 사전 징후 없이 3개월 이내에 파산하기는 쉽지 않기 때문이다.

다음에는 만기가 짧은 확약물을 투자하는 것이 유리한 이유에 대해서 살펴보자.

4. 만기가 짧은 확약물에 주목해야 하는 이유

법인의 자금운용 담당자가 법인의 여유자금을 3개월간 운용하기 위해 자금집행을 위한 입찰을 실시하여 증권사로부터 다음과 같은 수익률을 제시받았다고 가정해 보자.

① 정기예금 ABCP 운용 : 3개월 수익률 3.63%
② MMF 운용 : 목표수익률 3.50~3.80%
③ 증권사 확약 부동산 AB단기사채 운용 : 3개월 수익률 4.85%

이에 법인의 자금운용 담당자는 다양한 경로를 통해 쏟아지는 부동산 시장의 불황에 대한 기사를 접하고 있던 터라, 부동산PF 유동화증권(ABCP, AB단기사채)은 채무불이행에 이를 수 있다는 생각에 수익률이 조금 낮더라도 MMF에 자금을 운용하기로 결정하였다.

이에 법인의 단기자금을 운용함에 있어, 2022~2023년에 발생한 증권사 랩, 신탁상품의 평가손실 사태를 경험한 후 이에 대한 막연한 경계심으로 인해 부동산PF 등을 기초자산으로 은행, 증권사, 건설사 등이 '매입확약(채무보증의 일종)'하여 발행하는 유동화증권(매입확약 유동화 ABCP, AB단기사채. 이하 '확약물')에 투자하는 것을 기피하는 것을 기피하는 현상에 대한 문제점을 짚어보고, 보다 더 현명한 투자방법이 있다면 이를 모색해 보자.

(1) 시장금리 하락의 수혜자가 시장금리 상승의 위험도 부담해야 한다

법인의 단기자금은 언제든 영업자금으로 전용될 수 있어야 하는 자금이므로 기초자산의 안전성만큼이나 유동성 확보가 우선적으로 고려되어야 할 것이다. 기초자산의 안전성을 너무 강조한 나머지, 운용자산의 잔존만기(듀레이션) 관리에 소홀하여 2022년 및 2023년 하반기와 같이 단기간에 금리가 급등하는 경우 대규모 평가손실을 입어 역설적으로 또다시 유동성이 묶여버리는 위험에 노출될 수 있다.

2022~2023년에 발생한 증권사 랩, 신탁상품의 평가손실 사태로 인해 금융감독원은 증권사 랩, 신탁 시장의 불건전영업행위 및 운용상 위험요인에 대해 검사를 진행했다. 이 문제의 핵심은 ① 고객에게서 단기자금을 받아 장기 채권(CP)에 투자한 후 금리가 급등하여 과도한 평가손실이 발생하였고(아래 그림 참고), 이 과정에서 ② 다른 고객의 계좌 및 증권사 자기자본으로 고객 계좌에 있던 장기 채권(CP)을 평가손실 이전 장부가로 사들여 결과적으로 고객자산의 손실이 다른 고객의 계좌 및 증권사 고유계정으로 전가되었다는 점이다.

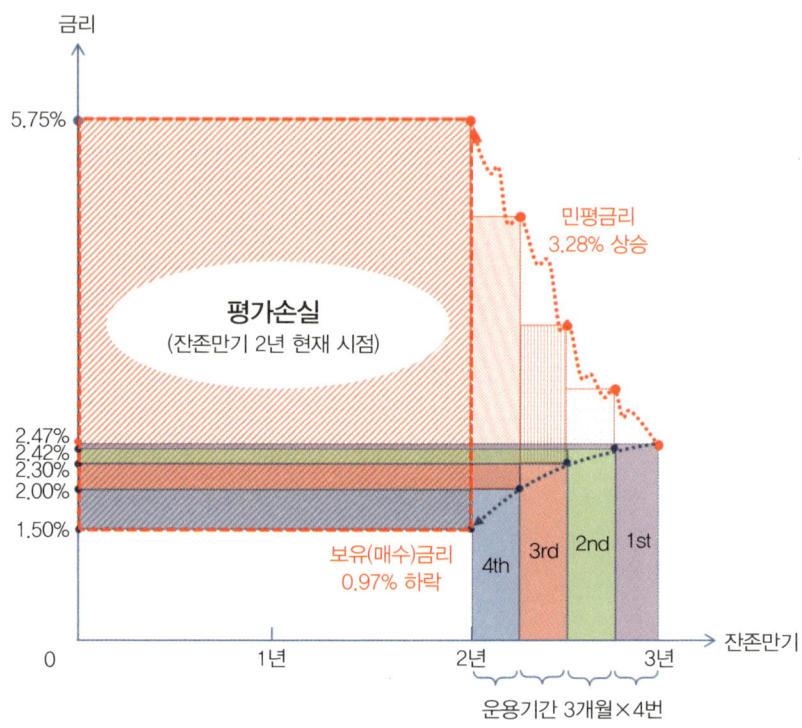

3년 만기 CP를 매수한 후 3개월 단위로 재투자하면서 1년 만에 시장금리가 크게 상승한 데 반해, 투자수익률을 맞추기 위해 오히려 보유금리는 낮아져 잔존만기 2년 시점의 평가손실은 붉은색 점선 부분만큼 크게 늘어났다. 결과적으로 이 손실이 다른 계좌 또는 고유계정으로 전이되는 역효과를 낳았다.

결국 이 사태의 본질은 낮은 수익률을 극복하고자 단기자금으로 장기물을 사서(→ 만기미스매칭), 금리상승위험에 노출됐다는 점이고, 만약 단기자금으로 단기물을 사고도(→ 만기매칭) 낮은 수익률을 극복할 수 있었다면 굳이 장기채권을 사지 않았을 것이고 대규모 손실 사태를 미연에 방지할 수 있었을 것이라는 점이다.

앞서 살펴본 바와 같이 만기가 짧을수록 시장금리가 급등하더라도 평가손실의 폭은 줄어든다. 아직 전 세계적인 물가상승이 안정 경로로 회복되고 있다는 확신을 갖기에는 이르고, 한동안 고금리를 유지하겠다는 美 중앙은행의 입장에 따라 시장의 금리변동성도 큰 만큼, 기초자산의 안전성만큼이나 이자율 상승위험 관리의 중요성이 우선시돼야 할 시기이다.

이러한 '위험'에도 불구하고 금리가 단기간 내에 하락할 것으로 확신하는 투자자는 '투자자 본인의 위험으로' 장기물에 투자하면 될 것이다.

(2) 확약물의 원리금 지급은 확약기관이 무조건 이행해야 하는 의무이다

기초자산이 부동산PF일지라도 확약기관이 매입확약을 하면 해당 부동산 PF 현장의 훼손, 멸실, 소실 등과 관계없이 확약기관은 ① 기초자산의 매입, ② 자금보충, ③ SPC 발행 사모사채의 인수 등을 통해 해당 확약물의 만기일 특정시각까지 특정금액을 입금해야 하는 등의 '무조건적인 의무'를 지며 기타 여하한 사유로 그 이행을 거부하거나 항변할 수 없다.

아래 사례는 A 증권사 확약물 중 한 건에 대한 신용평가서 내용 일부를 발췌한 것이며, 이는 대부분의 금융기관(증권사)에 유사하게 적용하고 있는 조항이다.

[예시] 기초자산의 신용위험 및 유동화증권 차환발행 위험

기초자산의 상환가능성은 본 사업의 현금흐름 및 차주의 신용도 등에 연계되며, SPC는 ○○증권(주)와 '사모사채 매입확약서'(이하 "본 건 확약서")를 체결하여 유동화증권의 상환능력을 제고하고 있다. 본 건 대출기간 동안 유동화증권이 차환발행 됨에 따라 발생하는 유동성위험 또한 본 건 확약서에 의해 통제된다.

본 건 확약서에 의하면,
 i) 본 건 유동화증권 중 일부라도 그 발행일 오후 2시까지 매수인 또는 인수인이 확보되지 아니하여 그 발행이 이루어지지 아니하거나 유동화증권 전부 또는 일부가 매각되지 아니한 경우 등으로 인하여 그 발행일 오후 2시까지 SPC 수납관리계좌에 기 발행한 유동화증권의 상환에 필요한 자금이 전부 또는 일부 입금되지 아니한 경우,
 ii) 대출채권의 기한의 이익이 상실된 경우,
 iii) 기 발행된 유동화증권 상환재원이 부족한 경우

등의 사유가 발생하면, SPC는 기 발행된 유동화증권에 대한 채무 등을 이행하기 위하여 필요한 금원이 확보되도록 권면총액을 정하여 사모사채를 발행하며, ○○증권(주)는 동 사모사채를 즉시 매입할 의무를 부담하고 있다.

따라서 확약물에 대해 투자자는 증권사 자체 신용으로 발행되는 채권, CP, 단기사채 등과 동일한 위험으로 보고 투자하면 될 것이다.

(3) 랩, 신탁의 금리는 '목표금리'이지만, 확약물의 금리는 '쿠폰금리'이다

시장금리 변동에 따른 투자수익률 변동에 대해 앞서 설명한 그림을 다시 소환해 보자.

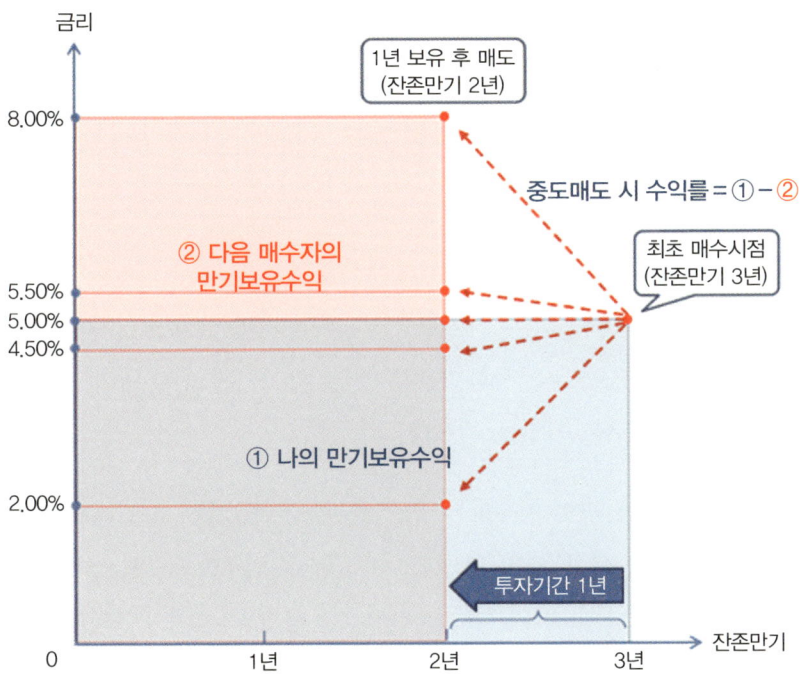

잔존만기 3년 CP를 매수하여 1년 보유 후, 만기 2년 남은 물건을 매도하는 경우 투자시점인 잔존만기 3년 시점에서는 1년 후 어떤 금리로 매도할 수 있을지 알 수 없으므로 투자수익률을 제시해서는 안 되며, 제시한 투자수익을 기대해서도 안 된다.

랩, 신탁 계약은 실적배당상품으로서 채권형 상품이라 하더라도 금융투자업규정상 수익률을 제시할 수 없다.

더구나 운용자산을 만기보유 하는 것이 아니라 중도에 매도하여 그 매도대금으로 수익을 지급하는 경우에는 앞서 설명한 대로 현재 시점에서 사전에 매도금리와 그에 따른 투자수익률을 미리 알 수가 없으므로(앞 그림 참고), 투자자 입장에서는 설령 랩, 신탁상품으로 금리 제시를 받았다 하더라도 이는 일종의 목표수익률로서 '신탁 또는 랩 고유계정(증권사 자기자본)이 상환의무를 갖는 부채의 개념이 아님'을 반드시 유념하여야 한다.

반면 확약물의 금리는 만기보유 시 확약기관이 무조건적으로 지급해야 하는 것으로서 '상환의무를 갖는 확약기관의 부채의 개념'이므로 일종의 '쿠폰금리'인 셈이다.

즉, 확약물의 금리(수익률)는 만기까지 보유하기만 하면 확약기관이 망하지 않는 한 무조건 달성할 수 있는 수익률로서, 랩, 신탁 등 실적배당상품의 미스매칭형(만기불일치) 운용방식의 목표수익률과는 질적으로 다른 개념의 수익률이라고 볼 수 있다.

(4) 운용자산 금리보다 높은 수익률을 수익자에게 지속 가능하게 제공할 수는 없다

랩, 신탁 등의 채권형 상품은 고객의 자금을 수탁받아(재무상태표 대변) 채권, CD, CP, 단기사채 등 채권형 자산으로 운용(재무상태표 차변)하여 그 수익을 지급하는 구조인 바, 그 수탁과 운용 기간을 서로 일치시켜 운용(만기매칭)하지 않는 한, 수탁과 운용 기간 간에 서로 차이가 발생할 수밖에 없다(만기불일치, 미스매칭).

랩, 신탁의 거의 모든 계약이 미스매칭으로 운용되고 있고, 또한 수익률 입찰에 의해 운용자산의 금리보다 높은 수익률을 짧은 투자기간 동안 제공하고 있는 영업 관행이 계속된다면 발행일부터 만기일까지의 모든 수익자에게 운용자산의 매수금리보다 높은 수익을 지속적으로 제공할 수 없는 구조이다. 이는 앞서 랩, 신탁의 투자자금 운용 관점에서의 영업 관행에서 구체적으로 살펴본 바와 같다.

다시 말해, 이는 한 투자자에게 매수금리보다 높은 수익률을 제공하면, 시장금리가 떨어지지 않는 한, 평균적으로 또 다른 누군가에게는 손실이 전가될 수밖에 없는 구조라는 것이다.

이는 앞서 1년간 4차례에 걸쳐 운용자산을 재투자한 경우를 통해 살펴본 바와 같이, 운용자산의 금리가 지속적으로 낮아질 수밖에 없는 한계를 내포하고 있다.

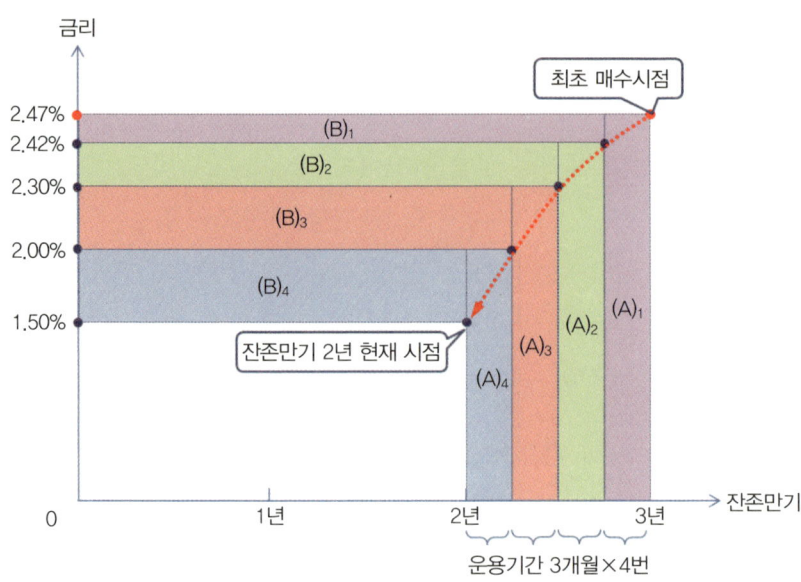

앞선 사례에서 이미 살펴본 것처럼 잔존만기 3년 CP를 2.47%에 최초로 매수하여 매수금리보다 높은 수익률을 투자자에게 지속적으로 제공하려면 금리를 낮춰 매도하여 자본차익을 내는 방법밖에 없으므로 운용자산의 금리는 계속 낮아질 수밖에 없다.

(5) 확약물의 금리가 예금 ABCP의 금리보다 월등히 높다

'동일 회사(확약기관)'의 '동일 만기'의 '일반 CP, 단기사채'와 '확약물 ABCP, AB단기사채'의 금리는 '동일한 신용위험'을 가지고 있음에도 확약물의 금리가 평균적으로 0.30~0.40% 이상 높게 형성되어 있다(2024. 03. 06. 시중은행 91일물 기준, 이하 동일).

- 시중은행 예금 ABCP(AAA 은행, A1, 91일물) : 3.68%
- 시중은행 부동산PF 확약물(AAA 은행, A1, 91일물) : 3.95~4.25%

- 증권사 부동산PF 확약물(A1, 91일물) : 4.00～4.80%

동일한 등급인 A1 증권사 확약물은 정기예금 ABCP 금리보다 1.00% 이상 높은 수익률을 거둘 수 있다(이 정도면 2022년 하반기에 위험을 무릅쓰고 미스매칭을 감행하던 수준 이상의 금리 차이다). 물론, 동일 신용위험 자산의 위와 같은 금리 차이가 지속되리라는 보장은 없다. 시장이 안정을 찾으면 그 금리 차이도 더 좁혀질 것이다. 그러나 분명한 것은 신용등급 과잉, 즉 극단적인 리스크 회피(Risk averter)는 투자수익률의 하락을 동반할 수밖에 없다는 점이다.

(6) 예금 ABCP 발행 규모가 전년 대비 절반으로 축소되어 과매수(저금리) 상태이다

2022~2023년 전세계적인 고물가 현상에 따른 기준금리 인상에도 불구하고 안전자산 선호 현상이 높아지면서 증권사에서 우량은행으로의 역머니무브(자금회귀)가 심화되었다. 은행은 자금이 넘쳐나고 이에 따라 은행의 신규예금 수신 수요가 급격하게 줄어들었으며 금리도 다시 소폭 내렸다. 즉, 시장금리는 크게 오른 반면 예금 금리는 상대적으로 그 오름폭이 훨씬 적어 금세 안정을 되찾았다.

이에 따라 은행은 ABCP 발행을 통해 예금을 수신할 필요가 없어졌고, 결과적으로 예금ABCP 발행 잔고는 2022년 3월 말 101.0조 원에서 2023년 4월 말 50.6조 원으로 불과 13개월 만에 절반 수준으로 급감하였다. 1년 만기 예금ABCP 금리(3.55%)도 기준금리(3.50%)보다 소폭 높은 수준에 그치게 되었다. 이는 결국 다시, 뜻하지 않은 시장금리 상승에 더 취약할 수밖에 없게 만든다.

실제로 신규예금 ABCP 발행 금리는 3.55%(2023. 04. 21.) 수준이었으나, 한 달 만에 3.85%(2023. 05. 25.) 수준으로 0.30% 상승하였다. 만약 같은 기간 중 3.55%에 매수 후 34일 만에 3.85%에 매도했다면 투자수익률은 0.66%에 그쳤을 것이다.

> 나의 투자수익 = 나의 만기보유수익 − 다음 매수자의 만기보유수익
> = 매수금리 / 365일 × 잔존일수 − 매도금리/365일 × 잔존일수
> = 3.55% / 365일 × 364일 − 3.85% / 365일 × 330일
> = 0.059%
>
> 투자수익률(연) = (기간)투자수익률 × 365일 / 투자기간
> = 0.059% × 365일 / 34일
> = 0.64%[≒ 0.66%(실제 CP 수익률을 계산하면 0.66%임)]

(7) 예금 ABCP 매수금리보다 훨씬 더 낮은 금리로 팔아야 겨우 확약물과 같은 수익률을 낼 수 있다

우량증권사 확약물 3개월 평균금리인 4.50%에 매수하여 만기보유하는 경우(→ 만기매칭)와 동일한 수익률을 예금 ABCP를 통해 내기 위해서는 잔존만기 1년 예금 ABCP를 3.60%에 매수하여 3개월 후 −0.25% 낮은 3.35%에 매도해야만 겨우 확약물의 만기매칭 수익률과 동일한 수익률을 거둘 수 있다(→ 미스매칭). 이는 그만큼 금리상승 위험에도 노출된다는 의미이다.

아래 표는 예금ABCP(잔존만기 364일)를 3.60%에 매수 후, 각각의 금리변동(세로축) 및 투자기간(가로축)별로 매도함에 따라 투자수익률이 어떻게 변화하는지를 나타낸 표이다. 앞선 사례에서와 같이 3.60%에 매수하고 3개월(91일) 후에 3.35%에 매도하면 4.512%가 나오는 것을 확인할 수 있다(빨간색 테두리).

투자수익률	매매금리	금리변동	금리변동 및 투자기간에 따른 투자수익률				
			30일	91일	184일	274일	364일
금리 상승으로 투자수익률 하락	4.60%	+1.00%	−7.814%	0.622%	2.719%	3.393%	3.734%
	4.50%	+0.90%	−6.659%	0.934%	2.821%	3.427%	3.734%
	4.40%	+0.80%	−5.504%	1.245%	2.922%	3.461%	3.734%
	4.30%	+0.70%	−4.349%	1.556%	3.024%	3.496%	3.734%
	4.20%	+0.60%	−3.195%	1.867%	3.125%	3.530%	3.734%
	4.10%	+0.50%	−2.040%	2.178%	3.227%	3.564%	3.734%
	4.00%	+0.40%	−0.885%	2.489%	3.328%	3.598%	3.734%
	3.90%	+0.30%	0.270%	2.801%	3.430%	3.632%	3.734%
	3.80%	+0.20%	1.424%	3.112%	3.531%	3.666%	3.734%
	3.70%	+0.10%	2.579%	3.423%	3.633%	3.700%	3.734%
매수금리	3.60%	0.00%	3.734%	3.734%	3.734%	3.734%	3.734%
금리 하락으로 투자수익률 상승	3.50%	−0.10%	4.889%	4.045%	3.836%	3.768%	3.734%
	3.40%	−0.20%	6.044%	4.356%	3.937%	3.802%	3.734%
	3.35%	−0.25%	6.621%	4.512%	3.988%	3.819%	3.734%
	3.30%	−0.30%	7.198%	4.668%	4.038%	3.836%	3.734%
	3.20%	−0.40%	8.353%	4.979%	4.140%	3.870%	3.734%
	3.10%	−0.50%	9.508%	5.290%	4.241%	3.904%	3.734%
	3.00%	−0.60%	10.663%	5.601%	4.343%	3.938%	3.734%
	2.90%	−0.70%	11.818%	5.912%	4.444%	3.973%	3.734%
	2.80%	−0.80%	12.972%	6.223%	4.546%	4.007%	3.734%
	2.70%	−0.90%	14.127%	6.535%	4.647%	4.041%	3.734%
	2.60%	−1.00%	15.282%	6.846%	4.749%	4.075%	3.734%

표에서 보는 바와 같이, 매수금리와 동일한 금리(3.60%)로 매도하면 투자기간에 관계없이 동일한 수익률(3.734%)이 나오고, 또한 만기보유해도 금리와 관계없이 동일한 수익률(3.734%)이 나오는 것을 알 수 있다. 하지만 짧은 투자기간 내에 높은 금리로 팔면 (−) 수익률을 피할 수 없다는 사실도 확인할 수 있다.

따라서, (만기가) 짧은 '만기매칭' 수익률이 (만기가) 긴 '미스매칭' 수익률보다 높게 형성돼 있는 경우에는, 금리하락에 따른 자본이익(Capital gain)을 노리는 투자가 아니라면 굳이 '미스매칭' 방식으로 운용하여 금리상승 위험에 노출될 필요가 없다.

(8) 우량증권사의 자기자본 대비 매입확약 실행 비율은 아직 우려할 수준이 아니다

증권사의 부동산 PF 대출 연체율에 대해 시장의 우려가 높아지고 있다는 기사를 언론을 통해 많이 접하게 된다. 아래 표는 2023년 12월 말 현재 증권사 자기자본, 채무보증, 자기자본 대비 고정이하 여신[12] 금액 및 비율을 나타낸 것이다.

---

[12] 금융기관의 여신을 건전성 정도에 따라 정상, 요주의, 고정, 회수의문, 추정손실 5단계로 나눌 때, 고정, 회수의문, 추정손실 등의 부실 여신을 의미한다.

(단위 : 백만 원)

금융회사명	자기자본 (A)	채무보증금액 (B)	고정이하 금액 (C)	고정이하 비율 (B/A)	자기자본 대비 고정이하비율 (C/A)
미래에셋증권	9,357,700	1,979,909	130,000	6.57%	1.39%
한국투자증권	8,067,513	4,915,314	222,590	4.53%	2.76%
NH투자증권	6,988,340	3,387,104	17,500	0.52%	0.25%
KB증권	6,109,912	4,891,933	6,000	0.12%	0.10%
삼성증권	6,102,122	1,901,109	194,100	10.21%	3.18%
하나증권	5,752,546	2,896,820	20,600	0.71%	0.36%
메리츠증권	5,611,226	4,945,638	198,432	4.01%	3.54%
신한투자증권	5,227,323	2,952,921	63,530	2.15%	1.22%
키움증권	4,203,889	1,522,540	21,740	1.43%	0.52%
대신증권	2,844,773	1,911,536	0	0.00%	0.00%
교보증권	1,852,258	984,500	146,800	14.91%	7.93%
한화투자증권	1,583,159	1,037,084	0	0.00%	0.00%
유안타증권	1,527,412	463,540	60,300	13.01%	3.95%
신영증권	1,451,885	490,300	0	0.00%	0.00%
하이투자증권	1,341,948	1,075,524	128,005	11.90%	9.54%
현대차증권	1,211,472	612,500	84,900	13.86%	7.01%
비엔케이투자증권	1,194,340	470,330	42,700	9.08%	3.58%
IBK투자증권	1,071,331	776,500	79,500	10.24%	7.42%
유진투자증권	964,987	563,791	500	0.09%	0.05%
이베스트투자증권	925,115	432,932	0	0.00%	0.00%
DB금융투자	903,574	393,553	44,500	11.31%	4.92%
다올투자증권	728,541	145,800	0	0.00%	0.00%
부국증권	711,174	7,774	0	0.00%	0.00%
SK증권	588,075	267,828	39,775	14.85%	6.76%
한양증권	489,416	40,200	0	0.00%	0.00%
케이프투자증권	270,049	30,000	0	0.00%	0.00%
디에스투자증권	117,750	6,071	0	0.00%	0.00%
합계/평균	77,197,830	39,103,051	1,501,472	4.80%	2.39%

앞의 표에서 보는 바와 같이 고정이하 여신 비율은 증권사 자기자본(77조 원) 대비 2.39%에 해당하여 크게 우려할 수준은 아니며, 일부 개별 중소형 증권사의 연체율이 20%에 육박할 수는 있겠으나 자기자본 최소 1조 원 이상인 우량 증권사(신용등급 A1 수준)가 아무런 자구노력 없이 그것도 3개월 이내의 단기간에 신용파산할 것이라고 보기는 어렵다.

현실적으로 살펴보면, 만약 부동산 현장의 채무불이행(EOD, Event of Default)으로 확약기관이 기초자산 매입, 자금보충, SPC 발행 사모사채의 인수 등을 통해 확약을 실행하는 경우, 투자자가 보유하고 있던 확약물은 당 회차 만기에 상환을 받을 것이고 기존 확약물의 유동화 프로그램이 종료하여 차환발행이 중단될 가능성이 높다.

최악의 경우를 가정하더라도, 자기자본 수조 원의 최고 신용등급(A1) 확약기관(증권사)이 3개월 이내의 단기채무에 대해 단 한 번의 매입확약도 실행하지 않고 모든 확약물건에 대해 동시에 채무불이행 선언을 한다는 것은 상상하기 어렵다.

달리 말하면, 최악의 경우라도 최초 매입확약 실행 이후부터 최종적으로 채무불이행을 선언하기까지 든든한 자기자본을 기반으로 최소한 수개월 이상의 시간이 소요될 것이므로, 이는 기존 확약물의 만기보다는 훨씬 더 길어 확약물이 먼저 Exit이 가능한 구조라는 점이다.

결론적으로 우량증권사의 위험완충 자기자본(손실흡수능력)이 일반적인 확약물의 만기인 3개월을 충분히 커버할 수 있다고 보는 것이 타당하다. 그래도 불안감을 씻을 수 없다면 목표금리를 조금 낮춰 은행 확약물을 매수하는 것도 좋은 방법이다.

에필로그

지금까지 4개 장에 걸쳐 채권과 신탁업, 그중에서도 증권사 신탁업과 최근 이슈사항에 대해 알아보았다. 요약해 보면,

제1장 '시장금리와 채권의 관계'에서 시장금리가 오르면(내리면) 왜 채권수익률이 떨어지는지(오르는지) 직관적으로 이해할 수 있도록 그림을 통해 설명하였다. 가로축이 잔존만기, 세로축이 금리를 나타내는 수익률 곡선 그래프의 어느 한 지점에서 채권 등을 매수하면, 시간이 지남에 따라 가로축인 잔존만기의 역의 방향이 나의 투자기간이 되어 잔존만기 '0'의 시점을 향해 하루하루 매수금리만큼 이익을 쌓아간다. 그리고 중도매도 하는 경우 '나의 투자수익＝나의 만기보유수익－다음 매수자의 만기보유수익'이므로, '나의 만기보유수익'은 변함이 없는 상태에서 다음과 같은 기제가 작동함을 알 수 있다.
시장금리가 오르면 '다음 매수자의 만기보유수익'이 올라 나의 투자수익률이 떨어지고
시장금리가 내리면 '다음 매수자의 만기보유수익'이 내려 나의 투자수익률이 올라간다.

제2장 '신탁과 신탁업의 개념'에서 기존의 복잡한 채권, 채무 관계와는 신용이 절연된 별도의 법적 실체를 설정하여 새로운 사업의 손익을 새

로운 투자자에게 전적으로 귀속하게 함으로써 각종 우발채무 등 불필요한 리스크를 사전에 미리 차단하고자 할 때 신탁을 이용한다고 설명하였다. 또한 다른 금융투자업(투자중개업, 투자자문업, 투자일임업, 집합투자업)과는 어떤 다른 특징이 있는지 살펴보았고, 금융투자업의 한 분야로 '신탁업'을 영위하는 경우 대변과 차변에서 각각 '수탁재산'과 '운용자산'을 구분하여 이를 서로 여러 가지 형태로 조합함으로써 새로운 금융투자상품 또는 신탁상품의 구조를 만들어 낼 수 있음을 직접 시현하였다.

제3장 '증권사 신탁의 등장과 채권형 상품'에서 은행 중심으로 영위되어 오던 신탁업이 퇴직연금 시행을 계기로 증권사로 확장 인가되면서 어떤 상품 또는 자산을 주로 운용했는지를 구체적으로 살펴보았다. 1일물 자산(콜론)으로부터 시작하여, 각종 정기예금(일반 정기예금, CD연동 정기예금, 이자율스왑 정기예금, 외환스왑 정기예금), 일반 CP 및 각종 ABCP(정기예금 ABCP, 외화(대출)채권 ABCP, 매출채권 ABCP, 대출채권 ABCP, 신용부도스왑 ABCP, 리패키지 ABCP, 외화정기예금 ABCP), 그리고 변동금리부채권(FRN), Repo매도를 활용한 증권신탁, USD Sell & Buy 신탁의 구조에 대해 상세히 설명하였다.

제4장 '채권운용의 위험과 기회'에서는 2022년 하반기에 불거진 랩, 신탁 채권형 상품의 대규모 평가손실 사태가 어떻게 시작되고 전개되었는지를 실제 데이터를 기반으로 가상의 시나리오를 상정하여 구체적으로 설명하였다. 이를 통해 법인투자자의 투자자금 집행을 위한 금리입찰에, 계약기간과 운용자산의 만기가 불일치하는(미스매칭) 상품으로 응찰하여 받은 자금을 랩, 신탁으로 운용함에 있어, 예상과는 달리 시

장금리가 급격하게 상승하는 경우 어떻게 대규모 평가손실이 발생하게 됐는지 그 과정과 그러한 상황이 벌어지게 된 영업 관행 등의 문제점, 그리고 이를 타파하기 위해 앞으로 각 시장참여자들이 개선해야 할 사항 등에 대하여 언급하였다. 또한 이에 대해 운용자산의 만기(듀레이션)를 줄이면서도 운용수익률은 높일 수 있는 대안까지 제시해 보았다.

증권사 신탁업 인가 이후로 증권사 신탁(랩 포함)의 채권형 상품은 단기자금시장의 대변(貸邊)의 입장에서 시장매수자의 역할을 무난하게 수행하여 잔고도 많이 증가했고, 그로 인해 IB 등 여러 시장참여자가 금융시장에 다양한 운용자산을 공급하게 하는 토대를 마련함으로써 운용자산의 다양성을 확보하는 데 크게 기여하였다는 점에서는 이론의 여지가 없을 것으로 본다. 그리고 증권사 신탁도 자신의 존재가치를 증명하기 위하여 즉, 투자자가 운용자산을 직접 투자하는 것보다 신탁을 이용하여 투자하는 것이 투자자에게 결코 불리하지 않다는 명분을 제공하기 위해서(혹은 다른 이유에서든) 시장의 투자기회 발생 시 이를 상품화하기 위해 쏟았던 노력과 그 성과 또한 인정받아야 할 부분이라고 생각한다.

그러나, 돌이켜보면 모든 상품을 지배하는 법칙은, 하나의 투자 아이디어를 어떠한 하나의 상품으로 만들었을 때(그것이 신탁상품일 수도, 금융투자상품일 수도 있다), 그 상품이 지속적이고 반복 가능하게 항상 시장수익률을 초과하는 수익률을 달성하지는 못한다는 것이다. 앞서 언급한 여러 가지 신탁상품과 운용자산뿐만 아니라, 그것이 주가연계신탁(ELT, DLT)이든, 브라질국채신탁이든 처음에는 시장수익률을 초과하는 수익률을 달성했을 것이므로 상품화가 가능했을 것이다(적어도 시장수익률을 초과할 것이라는 기대는 있었을 것이다). 그러나, 여러 투자자의 새로운 신규 시장진입이 일어나고 그로 인해 운용자산의 가격이 상승하거나 또는 다른 요인에 의해 시장환경이 변하면 그 투자수익률은 떨어지기 마련이다. 시장은 늘 그렇게 균형을 찾아가는 법이다. 항상 시장수익률 대비 초과수익을 낼 수 있는 운용자산이나 운용방법은 있을 수 없다. 즉, 현재에 수익률이 좋아 보이는 '새로운 개념의 상품(아이디어, 투자대상)'이 항상 초과수익률을 보장하는 것은 아니라는 점이다.

더군다나 과거와는 비교가 안 될 정도로 시장참여자도 다양해지고 또 많아졌으며, 그들이 새로운 정보를 습득하는 속도도 굉장히 빨라져 시장수익률을 초과하는 수익률을 달성하기가 훨씬 더 어려워졌다. 이는 앞서 제시한 그림(시계열에 따른 주요 채권형 신탁상품 및 운용자산)에서 보는 바와 같이 15년 전쯤(2009~2010년 정도)과 비교했을 때 새로운 상품의 출시 빈도만 보더라도 쉽게 알 수 있다. 실제로 시장의 여러 기관의 수많은 인재들이 오랜 기간 동안 머리를 맞대고 탐색하고 연구했지만, 2017년 'USD Sell & Buy 신탁' 상품이 출시된 이후로는 새로운 상품 또는 운용자산을 거의 찾아보기 어렵다. 이는 결과적으로 시장이 매우 효율적으로 바뀌었다는 방증이기도 할 것이다.

오히려 지금까지 언급한 바와 같은 '새로운 투자대상이 시장수익률 대비 초과수익을 낼 수 있을지에 대한 분석'보다는, '이미 발행돼 있는 자산의 운용에 대한 판단'이 투자수익률을 결정짓는 더 중요한 요소가 될 수도 있을 것이다. 실제로 시장도 2018년 이후로는 원화정기예금 ABCP와 일반 장기 CP로 회귀하는 모습을 보였다(물론 코로나 사태 이후 급격한 금리상승으로 인해 대규모 평가손실로 귀결되어 그 결과는 좋지 않았지만,

그 당시의 시장수익률을 초과하는 어떤 자산이라 할지라도 정도의 차이가 있었을 뿐 결과는 크게 다르지 않았을 것이다). 그렇다고 이미 발행돼 있는 자산의 운용에 대한 판단이, 초과수익을 가져다줄 새로운 운용자산의 개발보다 더 쉽다고 말하는 것은 아니다. 다만, 지금까지 증권사 신탁이 시장수익률을 넘어서는 초과수익의 기회를 찾아 이를 상품화하기 위해 노력해 왔다면, 이제는 그 노력을 분산하여 기존 운용자산에 대한 투자판단 즉, 시장의 흐름을 읽고 이를 준비하는 '자산운용'에서 그 답을 찾을 수도 있다는 의미이다. 증권의 유통시장에서 매수세력의 역할(대변)을 맡고 있는 증권사 신탁이 기존에 이미 발행되어 있는 자산을 투자자가 감내할 수 있는 위험의 수준 내에서 투자자의 수요에 맞게 운용할 수 있어야 그 운용잔고를 유지할 수 있고, 그래야만 그 잔고를 바탕으로 증권사가 발행시장에서 새로운 기초자산으로 금리 스프레드(기초자산금리 – 발행금리)를 취하는 증권발행 영업(차변)도 지속적으로 영위할 수 있을 것이기 때문이다. 어쩌면 이것이 증권사 신탁에 주어진 원초적인 임무였던 '퇴직연금 운용'에 더 가까운 해법일지도 모르겠다.